ExLibris

In derselben Reihe sind erschienen:

Das kleine Buch vom guten Schlaf
ISBN 3-8157-2088-5

Ein Schutzengel für dich
ISBN 3-8157-2299-3

Das kleine Osterbuch
ISBN 3-8157-2388-4

Das kleine Advents- und Weihnachtsbuch
ISBN 3-8157-2616-6

Die Kunst des Nichtstuns
ISBN 3-8157-2539-9

Geduld ist alles!
ISBN 3-8157-2629-8

Winterzeit – Wohlfühlzeit
ISBN 3-8157-3123-2

5 4 3 2 1

ISBN 3-8157-3088-0
© 2003 Coppenrath Verlag, Münster
Alle Rechte vorbehalten, auch auszugsweise
Printed in Italy

www.coppenrath.de

Ein Buch ist wie ein Garten, den man in der Tasche trägt

Oder: Warum das Glück zwischen zwei Buchdeckeln wohnt

Aufgeschrieben und bebildert
von Eva-Maria Altemöller

COPPENRATH

Inhalt:

Lesen muss man schon!

HEINER MÜLLER

Das blaue Herz

Was das Deutsche Börsenblatt mit Jean-Jacques van Keupings einhundertundfünfzehntem Geburtstag zu tun hat

Unlängst erzählte mir meines Großvaters bester Freund und Kupferstecher, der gute alte Jan-Willem van Köping, von einem seiner belgischen Cousins, zu dessen einhundertfünfzehntem (!) Geburtstag er eingeladen sei. Dieses biblische Alter ist vor allem deswegen so erstaunlich, weil Jean-Jacques van Keuping (wie sich die van Köpings eigentlich schreiben) anno 1888 mit einem schweren Herzfehler zur Welt kam und keiner der Ärzte ihm damals mehr als nur ein paar Jahre Überlebenschance gab. Jean-Jacques hatte ein „blaues Herz", wie es in der Familie hieß, was bedeutete, dass man das Kind in Watte packte und daheim behielt, während seine Geschwister Schlittschuhlaufen gingen. Schon eine einfache Erkältung, behaupteten die Mediziner, könne sich als fatal erweisen und dem schmalbrüstigen Knaben den Rest geben.

Zeit seiner traurigen Kindheit gab man ihm – laut ärztlicher Anweisung – kaum etwas anderes als Schonkost zu essen, die im Wesentlichen aus Hühnersuppe, Grießbrei, Spinat und Schiffszwieback bestand, und ein paar Waffeln hin und wieder, die ihm die Köchin ins Krankenzimmer schmuggelte. Nur einem Zufall sei es zu verdanken gewesen, erzählt er in seinen Memoiren, dass er über schier unbegrenzte Mengen an Schokolade verfügen konnte, denn die van Keupings gehörten zu einer Jahrhunderte alten Kakaodynastie.

„Le chocolat – c'est bon pour le cœur", hieß es, als man in der Familie voller Freude und zum maßlosen Erstaunen sämtlicher Ärzte Jean-Jacques' einundzwanzigsten Geburtstag feierte, und bald wurde dieses „Das ist gut fürs Herz" zu einem geflügelten Wort der van Keupings.

Aber noch etwas ganz und gar anderes sei „gut fürs Herz", erklärte Jean-Jacques: Überlebt habe er diese

Schonkost-Kindheit nur, weil ihm sein wunderbarer Wiener Hauslehrer dabei geholfen habe, den größten Teil seiner Schokoladenvorräte gegen die Bücher einzutauschen, die die beiden eigentlich lesen wollten. Das war also sein Geheimnis!

So kam es, dass Jean-Jacques die meisten Schlittschuh laufenden van Keupings seiner Generation überlebte: Er las sich durch die Literatur der Welt, begann mit dreißig Germanistik und Philosophie zu studieren und mit vierzig intensiv Sport zu treiben; mit fünfzig heiratete er eine fünfundzwanzigjährige schokobraune Südamerikanerin, die schöne Pilar, mit der er drei Kinder hatte; mit sechzig übernahm er – während eines Interregnums – vorübergehend die Leitung der van Keuping'schen Schokoladenfabriken in Lüttich; mit siebzig fing er zu schreiben an, um mit achtzig sämtliche Bestsellerlisten in Holland und Belgien zu stürmen. Seine schlicht „Schwarzhandel" betitelten Memoiren, in denen er die fabelhafte Geschichte seiner alten seefahrenden Familie erzählt, machten ihn über Nacht berühmt.

Mit neunzig schrieb er immer noch jeden Morgen zwei Stunden lang (von fünf bis sieben), bevor er die zwölf Kilometer ins nächste Städtchen zum Markt radelte. Danach arbeitete er eine Stunde lang oder auch zwei im Garten und verbrachte den Rest des Tages lesend, in seinen alten Chesterfield-Sessel versunken.

Mit hundert ward er bei Hofe eingeladen und für seine neueste Blumenzüchtung geehrt, eine gefüllte und (natürlich) schokoladenbraune Pfingstrose von geradezu atemberaubender Schönheit, die er angeblich mit Kakao zu düngen pflegte. Vor ein paar Jahren, als er seinen einhundertundzehnten Geburtstag feierte, antwortete er augenzwinkernd auf die neugierige Frage der Journalisten, was er denn für die Zukunft plane: „Na ja, sterben halt."

Aber irgendwie, fügte er dann noch ein wenig nachdenklich hinzu, habe er sich bis jetzt noch nicht so recht dazu entschließen können, die Bücher für immer aus der Hand zu legen. („Weiß der Himmel, ob es im Jenseits etwas Gescheites zu lesen gibt", gab er zu bedenken.) Zweimal die Woche komme das Börsenblatt des Deutschen Buchhandels und – ein bisschen weniger häufig – die Zeitschrift „Lire". Darin sei von so vielen, unglaublich interessanten Neuerscheinungen die Rede, dass er mit dem Ableben doch lieber noch ein bisschen warten wolle. Wie lange er sich noch durchmogeln könne, erklärte er, stehe allerdings in den Sternen. Bis dahin wolle er jeden Tag, an dem er das Privileg habe, des Morgens aufzuwachen, so zu leben versuchen wie damals, als er noch jung war, mit siebzig …

„Le lire, vous savez, c'est bon pour le cœur – et ce qui est bon pour le cœur, c'est bon pour le corps également", was zu

Deutsch in etwa so viel heißt wie: „Lesen, müssen Sie wissen, ist gut fürs Herz – und was dem Herzen gut tut, ist auch der Gesundheit förderlich."

Einhundertsechzehn glücklich verbrachte Lebensjahre, denke ich, sind Beweis genug für diese Behauptung.

, der seine Gefühle aufbewahren kann.
urch die Literatur.

E.M.A.

Bücher sind nur dickere Briefe an Freunde.

JEAN PAUL

Von Bibliotheken und anderen Schatzinseln

Warum die Welt der Phantasie das einzige Paradies ist, aus dem wir nicht vertrieben werden können

„Weißt du eigentlich, Marie", hat mich Jan-Willem einmal gefragt, „was das Wunderbare an diesen magischen Orten ist, an denen es Bücher gibt?" Ich wusste es damals noch nicht so genau, denn ich war achtzehn und unglücklich verliebt und wer unglücklich verliebt ist, dem kann in der Regel so manches gestohlen bleiben, vor allem Bücher.

„Hier begegnet einem nämlich stets wie durch Zufall die Lösung für genau das Problem, das uns gerade zu schaffen macht.

Ich kann mir diesen merkwürdigen Effekt auch nicht so richtig erklären – aber es ist wohl so: Wenn man im Geiste mit irgendeiner Sache befasst ist, findet man dort mit an Sicherheit grenzender Wahrscheinlichkeit wie durch Zauberei genau das Buch, das die Antwort birgt. Aber wer weiß", überlegte Jan-Willem, „vielleicht findet ja das Buch auch uns, auszuschließen ist das jedenfalls nicht. Bücher haben nämlich nicht nur ihr eigenes Schicksal, wie der Lateiner weiß, sondern es gilt wohl auch: *Habent sua testa libelli* – sie haben eben ihren eigenen Kopf und suchen sich wie Katzen oft ihre Besitzer aus. Man kann getrost auf dieses höchst seltsame Phänomen vertrauen und sich, so man ein wenig Ansprache nötig hat, überall dort, wo es Bücher gibt, in aller Seelenruhe festlesen."

Ich erinnere mich noch, dass wir in jener kalten Winternacht während der Ölkrise am Kamin seines Hauses saßen und kannenweise Kakao tranken, während ich Trübsal blies. Jan-Willem führte an diesem Abend mehr so etwas wie ein Selbstgespräch, da ich unter momentaner geistiger Abwesenheit litt, doch der Zaunpfahl, mit dem er da winkte, entging mir nicht.

„Weißt du, Mariechen", fuhr er fort, „diese magischen Orte, an denen es Bücher gibt, sind immer noch die am leichtesten erreichbaren Naherholungsgebiete. Es sind Inseln in der rauen See der Wirklichkeit und, wer weiß, möglicherweise sogar Schatzinseln für den, der bereit ist, dort aufs Angenehmste ein wenig von jener Zeit zu verbummeln, von der wir alle angeblich zu wenig haben. Erinnerst du dich noch an Carl Jacobs, der die alte Reederei Jacobs & Carstens zu einer der größten der Welt ausbaute? Er gehörte zu den Stammgästen an Bord meines Bücherschiffs und oft kam er sehr früh morgens, so gegen halb sechs. Er hatte einen Schlüssel für den Laden, den er in aller Ruhe durchstreifte, und wenn ich kam, tranken wir zusammen in der Kombüse ein *kopje koffie*, bevor er ins Büro ging. Er komme vor allem dann, wenn er überhaupt keine Zeit habe, erklärte er mir einmal, an den Tagen zum Beispiel, an denen er tiefgreifende Entscheidungen zu treffen hatte. Er nannte das die *Nimm-Zwei-Regel*, die ein Buch über Zen ihn gelehrt habe: Nimm dir jeden Tag mindestens eine Stunde Zeit zum Meditieren und wenn du sehr viel zu tun hast – nimm dir zwei. Wen wundert's da noch, dass dieser Mann es zu etwas gebracht hat!

Viele Jahre später hat er mir einmal verraten, dass er sich damals nach dem Zufallsprinzip irgendein Zitat oder ein Motto, das ihm am Morgen in die Hände fiel, einzuprägen pflegte, als Tageslosung sozusagen, und damit sei er stets gut gefahren. Der alte Merkspruch „Nichts ist, wie es scheint" habe ihn zum Beispiel davor bewahrt, einen der größten Fehler seiner Karriere zu begehen. Oftmals sei eben alles nur Intuition gewesen und später sollte sich dann herausstellen, dass er genau richtig lag.

Womit, liebes Mariechen, gleich drei Dinge hinreichend bewiesen wären", fügte Jan-Willem hinzu: „Ad 1: Literatur schützt uns und hilft uns zu leben, selbst wenn sie in den homöopathischen Dosen eines Bonmots daherkommt oder eines geflügelten Wortes, das uns, wie andere Flügelwesen auch, vor gravierenden Fehlern zu bewahren imstande ist. Man muss nur richtig hinhören und das tun, was unser Gefühl uns sagt. Ad 2: Diese schönen, stillen Orte, an denen es Bücher gibt, strahlen eine Ruhe aus, die allen Lärm und alle Aufgeregtheiten außen vor lässt. Nichts dämmt besser als Bücher und vielleicht ist es ja das, was eigentlich mit *Splendid Isolation* gemeint ist, wer weiß? Ad 3: Bücher bieten genau das, was Leute, die mehr Probleme haben, als ihnen lieb ist, zur Lösung genau dieser Probleme nötig haben – sie lenken ihre Leser nämlich ab. Der Widerspruch, der darin liegt, ist nur scheinbar: Wer wirklich etwas von der Kunst versteht, dem Kopf zuweilen nachzuhelfen, weiß, dass es stets hilft, die Dinge aus einem ganz und gar anderen Blickwinkel wahrzunehmen – und plötzlich hat man wie durch Magie des Rätsels Lösung in der Hand! Das ist immer so, darauf kann man sich fest verlassen. Wer liest, steht vielleicht nicht unbedingt über den Dingen (denn so leicht ist das nun auch wieder nicht), doch er versteht sich auf die Kunst, die Dinge ein wenig gelassener anzugehen. Wenn das nichts ist…"

Ich gebe gern zu, dass mich damals nichts von dem, was Jan-Willem da erzählte, allzu sehr beeindruckte. So manche fundamentalen Weisheiten beginnen einem erst zu dämmern,

Johann Caspar Lavater
1741 - 1801

Lebensregel.

wenn man in die Jahre
kommt und feststellt, dass
ein paar (um nicht zu
sagen die meisten)
unserer Knaben-
morgenblüten-
träume doch
nicht so ganz das
waren, was wir uns
einst davon versprachen.

Ich fürchte, dass Jan-Willem damals, als er mir all diese
Zusammenhänge zu erschließen versuchte, auf ziemlich taube
Ohren stieß. Vielleicht wollte ich ihn ja damals auch nicht
verstehen, denn ein bisschen Weltschmerz ist zuweilen ganz
angenehm. So meldete ich denn meine Zweifel an, dass wirklich jedes Buch dazu imstande sei, zur Lösung dessen bei-
zutragen, was uns gerade zu schaffen macht. Aber Jan-Willem,
der über diese Dinge sehr gründlich nachgedacht hatte, nickte
nur dazu.

„Wenn ich dich richtig verstehe, behauptest du also", wen-
dete ich ein, „dass ich selbst in der *Schatzinsel* oder in *Heidi
kann brauchen, was es gelernt hat* den Schlüssel zu einer
tiefgreifenden Erkenntnis finden werde, wenn mich das richtige
Leben wieder einmal so richtig beim Wickel hat? Was, bitte sehr,
haben Bücher mit dem richtigen Leben zu tun?"

„Mehr als du denkst, liebe Marie. Bücher sind das einzig
Wahre", entgegnete Jan-Willem. „Wer liest, hat nämlich stets
den Überblick; wer liest, den kann so leicht nichts anfechten,
denn er hat stets Lösungen parat, auf die Nichtleser gar nicht
erst kommen. Du musst wissen: Mutter Natur hat uns das Suchen nach dem Sinn sozusagen in die Wiege gelegt und Neues ergibt sich stets aus dem Dialog mit dem anderen – oder
auch aus dem stummen Zwiegespräch mit dem, der etwas von
überzeitlicher Gültigkeit geschaffen hat. Vielleicht ist ja das der
Grund für alle Kunst, wer weiß?"

Ich verstand damals so gut wie nichts von dem, was Jan-Willem da über Kunst und Sinnsuche erzählte – und von dem Wenigen, was ich verstand, glaubte ich nur die Hälfte. Auch fand ich seine Behauptung fragwürdig, dass Bücher überdies Erfahrungen vermitteln, die man dann nicht mehr selber machen muss. Denn natürlich will man mit achtzehn seine Erfahrungen selber machen, so wie wir als Kinder eben Roller fahren wollten und nicht etwa nur darüber lesen. Mit achtzehn ist man ganz scharf darauf, sich bei jeder nur bietenden Gelegenheit die Knie aufzuschlagen und ein paar Narben zu holen. Wenn man jung ist, glaubt man nicht, dass das Glück ganz einfach zwischen zwei Buchdeckeln zu finden und für neun neunzig (oder so) in jeder Buchhandlung zu haben ist. Denn so simpel ist das im Grunde. So unglaublich simpel.

Was mich an diese wunderbare persische Weisheitsgeschichte von dem Schatzgräber erinnert, der überall, wo er den Spaten ansetzte, statt des gesuchten Schatzes immer nur einen Hinweis darauf fand, wo er als Nächstes graben solle. So durchstreifte er ruhelos die Welt, reiste von einem Ort zum anderen und wurde der Suche schließlich müde, als er am Ende dieser schier endlosen Schnitzeljagd nach dem Glück den Hinweis erhielt, bei sich daheim im seinem eigenen Garten zu graben. Denn dort war der Schatz die ganze Zeit über gewesen …

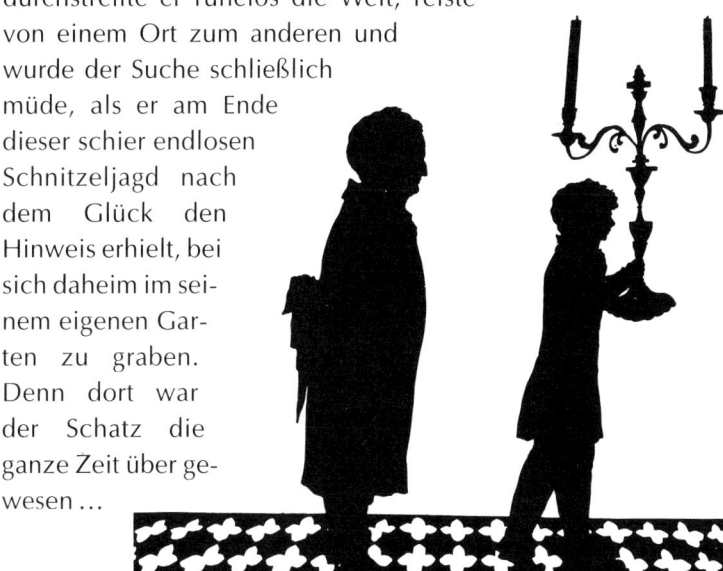

„Da schweift man endlos in die Ferne um schließlich herauszufinden, dass das Gute so nahe liegt. Und dass für den, der
Augen hat zu lesen", setzte Jan-Willem fort, „jedes Buch, ja
selbst die *Schatzinsel*, des Rätsels Lösung enthält. Man muss nur
richtig hinsehen. Und bereit dazu sein, das, was uns gerade zu
schaffen macht, für eine Weile ad acta zu legen. Dann wächst
dir Hilfe sogar noch dann zu, wenn du in einem Lexikon blät-
terst. Vielleicht findest du dort ja einen Eintrag über Hans-
Christian Andersen oder über Bertha von Suttner, der dich neu-
gierig macht, und möglicherweise ist es auch eine Karte von
Kolumbien oder ein Hinweis auf Gabriel García Márquez, der
dein Leben ändert. Wie oft führt eines zum anderen, man
besorgt sich mehr über die besagte Bertha von Suttner – von der
man vielleicht noch nie etwas gehört hat – und schon ist alles
anders. Schon hat man in diesem Schachspiel, das unser Leben
ist, einen Bauern von F 3 nach F 4 geschoben – und das Gefü-
ge ändert sich: Hätte man an jenem Tag X das Buch Y nicht
zufällig geöffnet, wäre alles, alles anders gekommen. Ein Buch,
ja selbst Johanna Spyris *Heidi kann brauchen, was es gelernt hat,*
ist durchaus imstande, eine ganze Biographie zu verändern und

in eine völlig neue Richtung zu
lenken. Was ein Buchhändler,
der etwas auf sich hält, sehr
wohl weiß."

Ich erinnere mich noch,
dass ich all diesen Dingen
gegenüber skeptisch blieb.
Wie Recht Jan-Willem hat-
te, sollte ich erst viel, viel
später herausfinden – als mir
eines Tages auffiel, dass es
immer Bücher gewesen sind,
die mir die Notwendigkeit
einer Kurskorrektur klar gemacht haben.

Graz

Joh. E. Hahn   Wien.

Frau v. Heider.

Hotel Rydberg.

Stockholm.

Es gibt Bücher, die man
erst dann versteht, wenn
man eine bestimmte
Menge Leben gelebt hat.

Ezra Pound

15

Der Trost der Bücher

Wie mir einst die hässliche Herzogin
Margarete Maultasch die Leviten las

Ein paar Jahre später, als ich mir schon das eine oder andere Mal die Knie aufgeschlagen hatte, passierte etwas ziemlich Merkwürdiges. Auf dem Weg zu meinen Großeltern fuhr ich in jenem bitterkalten Winter 1981 mit dem Zug von Hamburg nach Wilhelmshaven und da ich an diesem Abend nicht mehr bis Christianssiel kam, übernachtete ich in Jan-Willems fabelhafter Buchhandlung. Irgendwann hatte er mir für derlei Not- und Wechselfälle des Lebens einen seiner „Schlüssel zum Glück" gegeben, den ich bis dahin jedoch nie benutzt hatte. Wie dankbar war ich, als mich die Wärme dieser Buchhandlung umfing, denn für mich ist sie stets ein Stück Heimat gewesen.

Jan-Willem hatte sein „Bücherschiff" einem jener wunderbaren, eleganten Teeclipper nachempfunden, die man damals gelegentlich noch baute. Es gibt diesen Clipper nicht mehr, denn er ging (zusammen mit der Gorch Fock auf unseren ganz alten Zehnmarkscheinen) vor langer Zeit unter, aber er wird stets in meiner Erinnerung genauso bleiben, wie er einst war: Man glitt über wohlpolierte, leise knarzende Schiffsplanken, konnte sich in Hängematten fernen Ufern entgegenträumen oder auch nur auf Tampen und anderen ungewöhnlichen Sitzgelegenheiten hocken, von denen es überall genügend gab. Rettungsringe wiesen darauf hin, wo die Philosophie zu finden war und wo die Religion – und alles Heiter-Hintergründige war in einem Rettungsboot (!) untergebracht, das Jan-Willem zu einem Regal umgebaut hatte.

Diese Buchhandlung sei nicht einfach nur ein Laden, sondern ein Gesamtkunstwerk, fanden seine Kunden, die von nah und fern kamen nur um hier ein paar glückliche Stunden verbringen zu dürfen. Ja, sogar aus England segelte so manch einer herüber, denn das Bücherschiff galt in einschlägigen Reiseführern als Geheimtipp.

Im Laderaum (sprich: im Keller) der „Esperanza" gab es ein kleines, von Deckprismen erhelltes Café, in dem man nicht nur Kaffee und Kakao bekam, sondern darüber hinaus aus den besten Teesorten der Welt wählen konnte; nicht umsonst war Jan-Willems Bücherschiff einem Teeclipper nachgestaltet. Im Laderaum konnte außerdem jeder, den der Hunger zu plagen begann, ein ordentliches Essen fassen, einen gefühlvoll bereiteten Labskaus zum Beispiel und vieles andere mehr, das eines jeden Seemanns Herz höher schlagen lässt – obwohl ich persönlich nie verstanden habe, was an einem Labskaus so gut sein soll. Aber ich bin ja auch kein Seemann.

Die Zeit wurde in dieser Welt in Glasen gemessen, wenn sie denn überhaupt jemand maß, denn eigentlich vergaß sie hier jeder: Man brauchte nur durch eines der Bullaugen zu schauen und schon befand man sich mitten im Stillen Ozean seiner Phantasie …

In Jan-Willems Bücherparadies gab es natürlich auch eine Kapitänsmesse, die er mit wunderbaren, mes-singbeschlagenen Mahagonimöbeln ausge-stattet hatte. In seiner Koje pflegte Jan-Willem zu lesen, wenn ihm seine Verpflichtungen als Mitglied der van Keuping'schen Familiendynastie zu viel wurden, was nicht selten der Fall war. Für ihn war dieser Clipper auch so etwas wie eine Fluchtwelt, ob-wohl, wer ihn sah, nie glauben würde, dass er eine Flucht- oder Gegenwelt nötig hatte. „Irrtum, Marie", antwortete er mir, als ich ihn daraufhin befragte, „jeder braucht mindestens eine solche

Fluchtwelt. Und es ist ein Zeichen von Lebenskunst, diese Welten so groß zu bauen, dass auch andere darin Platz haben um ihrem eigenen Alltag entfliehen zu können …"

Natürlich war Jan-Willems Kapitänsmesse wie alle anderen Räume dieser höchst abenteuerlichen Buchhandlung bis zur Decke vollgestopft mit Büchern – auf dem Kartentisch stapelte sich alles Philosophische, das Jan-Willem gerade in Arbeit hatte, denn Epikur und Seneca, Kant und Knigge zum Beispiel, behauptete er, gehören wohl zu den verlässlichsten Navigationshilfen für die Untiefen dieser Existenz, die zur Gänze auszuloten aber noch niemandem wirklich gelungen sei.

Ich schlug in jener Winternacht mein Lager in einer von Jan-Willems Hängematten auf. Hunger hatte ich nicht, denn wer verliebt ist, unglücklich verliebt vor allem, der hat für derlei Regungen in der Regel nichts übrig und fällt rapide vom Fleische. Ich versuchte zu schlafen, aber ich weiß nicht, ob es an dieser ungewöhnlichen Hängematte lag oder an meinem knurrenden Magen, an meinen kalten Füßen oder auch an dieser verdammten Verliebtheit – jedenfalls machte ich kein Auge zu, brütete stattdessen vor mich hin und tat mir selbst unendlich Leid. Um Mitternacht gab ich auf, tappte in die Kombüse, machte mir einen Kakao, fand eine angebrochene Tafel van Keuping'scher dunkler Mandelschokolade (die es leider, leider, ebenso wie diese schöne Buchhandlung, nicht mehr gibt) und durchstreifte schließlich voller Unruhe Jan-Willems Reich. Ich ging an Deck, kletterte ein wenig in den Wanten des ersten und zweiten Stocks herum und betrachtete die stille nächtliche Welt von da oben. Sehr bald geschah etwas äußerst Seltsames: Die Bücher begannen zu dieser mitternächtlichen Stunde mit mir zu plaudern und mir – ob Sie es nun glauben oder nicht! – Trost zuzusprechen. „Nun mach mal halblang", schienen sie zu sagen, „du bist nicht die Erste und nicht die Einzige und zweifellos auch nicht die Letzte, die so etwas durchmacht." Das leuchtete mir ein.

UHLAND

Ich habe nie einen
Kummer gekannt, den
nicht eine Stunde Lesen
zu lindern vermocht hätte.

MONTESQUIEU

Ich las Feuchtwanger in jener Winternacht. Der Zufall oder was auch immer es gewesen sein mag, ließ mich auf Jan-Willems Kartentisch *Die hässliche Herzogin Margarete Maultasch* entdecken, jene Ungeliebte, die aus Staatsräson zu heiraten hatte. Ich glaube, es war der Name Feuchtwanger, den ich nicht etwa mit dem hübschen fränkischen Provinznest Feuchtwangen in Verbindung brachte, sondern mit den Tränen, von denen ich in letzter Zeit allzu viele vergossen hatte – völlig überflüssigerweise vor allem, wie mir bald klar wurde.

Ich las, während ich sanft in meiner Hängematte hin und her schaukelte, die Geschichte jener unglaublich hässlichen, tapferen Herzogin Margarete, die mich vom anderen Ende der Zeit aus ihrer einsamen Burg dort unten in Tirol zu grüßen schien und mir riet endlich mit dem „Geschwächel", wie sie es nannte, aufzuhören. Andere hätten in ihrem Leben weitaus mehr Grund zum Unglücklichsein gehabt als ich – und ich sah ein, dass man sich dieser Logik nur schwer entziehen konnte.

Am Morgen war ich von all meinem Kummer genesen. Um fünf stellte ich fest, dass ich Hunger hatte, und buk in Jan-Willems Kombüse einen Stapel jener wunderbaren „Poffertjes", mit denen ich aufgewachsen bin und die nicht nur mir, sondern auch den Meinen des öfteren das Leben gerettet haben. Auch Kunden und KollegInnen kommen hin und wieder in den Genuss dieser Zimtpfannkuchen, die einen so gut wie alles Elend dieser Welt vergessen lassen – für eine Weile jedenfalls …

Pünktlich um halb sechs kam trotz Schnee und Eis der Mann vom Bücherdienst und lieferte seine Bücherkisten ab. Natürlich war er bass erstaunt, als ihm des Morgens zu nachtschlafener Zeit dieser unwiderstehliche Duft nach Zimt durch die Nase zog, und Neugier bewegte ihn dazu, dem nachzugehen. Plötzlich stand er in der Küche, sah mich in meinem Maultasch-Buch lesen und da er, wie er mir später erzählte, eigentlich Amerikaner war und im Schwabenlande seinen Militärdienst abgeleistet hatte, dachte er bei „Maultasch" nur an das Eine …

„Wenn das Maultaschen sein sollen, Lady, dann müssen Sie irgendetwas falsch gemacht haben", sprach er, nachdem er sehr vorsichtig an die Kombüsentur geklopft und mir freundlich einen guten Morgen gewünscht hatte. Ich sah ihn an und als ich endlich darauf kam, was er damit meinte, platzte ich schier vor Lachen: Die Erde hatte mich wieder und ich verstand, warum der fabelhafte Jan-Willem Tucholsky & Co. in einem Rettungsboot untergebracht hatte …

Ich frühstückte mit diesem wunderbaren Kleiderschrank von einem Bücherboten, der gut und gerne seine zweieinhalb Zentner auf die Waage brachte und der darob leicht dazu zu bewegen war, diese entarteten Maultaschen zu probieren. Ob ich die jetzt öfter mache, wollte er noch wissen, als er eine halbe Stunde später aufbrach, und ich schüttelte nur mit dem Kopf, woraufhin er mich mit unendlich traurigem Blick ansah.

Damals ahnte ich noch nicht, dass wir uns eines Tages wieder sehen würden. Man begegnet einander immer zweimal im Leben, weiß der Volksmund. Und das gilt für die Menschen und für die Bücher mit derselben traumwandlerischen Sicherheit – wie das nächste Kapitel beweist.

Fürchtet nichts, ihr Herrn und Damen,
sehr solide ist mein Schiff,
aus Trochäen, stark wie Eichen,
sind gezimmert Kiel und Planken.

Phantasie sitzt an dem Steuer,
gute Laune bläht die Segel,
Schiffsjung ist der Witz, der flinke.
Ob Verstand an Bord? Ich weiß nicht!

Meine Rahen sind Metaphern,
die Hyperbel ist mein Mastbaum,
schwarz-rot-gold ist meine Flagge,
Fabelfarben der Romantik.

Durch das Meer der Märchenwelt,
durch das blaue Zauberweltmeer
zieht mein Schiff, mein Zauberschiff
seine träumerischen Furchen.

HEINRICH HEINE

Bücher lesen heißt
wandern in ferne Welten,
aus den Stuben,
über die Sterne.

JEAN PAUL

Buchdruckerei
Felix Reusche
= Nürnberg =

Heidi kann brauchen, was es gelernt hat

Mein Amorbacher Abenteuer

Nicht lange darauf, als ich immer noch ziemlich grün hinter den Ohren war und überdies so blauäugig, wie man es wohl nur mit Anfang zwanzig ist, führte mich der Zufall – oder was es auch immer gewesen sein mag – in ein kleines, verschlafenes Städtchen, das sich tief in den grünen Falten des Odenwalds versteckt hielt und dort seinen Dornröschenträumen nachhing. Ich wusste damals nicht so recht, was ich mit all dem – offensichtlich nutzlosen – Wissen anfangen sollte, das ich bis dahin angehäuft hatte: Irgendwie schien es niemand wirklich zu brauchen. Und das ist eine Erkenntnis, die einem ganz schön zusetzen kann.

Als ich mich in einer bitterkalten Februarnacht in der Finsternis jenes undurchdringlich scheinenden, unglaublich grünen Tannenwaldes verfuhr (ich hatte noch nie viel Talent zum Kartenlesen), fand ich mich plötzlich vor den verschneiten Portalen einer mittelalterlichen Abtei wieder. Ich stieg aus und lauschte dem Ruf eines einsamen Käuzchens – obwohl Käuzchen ja immer so klingen, als wären sie einsam; möglicherweise waren es ja auch zwei einsame Käuzchen, so genau weiß ich das nicht mehr zu sagen. Doch ich erinnere ich noch sehr genau daran, dass ich im nächsten Moment dem Zauber des Augenblicks verfiel.

Ich brauchte eine Weile, bis ich erkannte, dass ich weder träumte noch las, ich bekam nämlich nach und nach nasse Füße, und da man in der Regel weder beim Lesen noch beim Träumen nasse Füße zu bekommen pflegt (das ist einer der unschätzbaren Vorteile, die echte Leser genießen), musste das hier also wahr sein, wie ich mit aller mir zu Gebote stehenden Logik schloss.

Unter Zuhilfenahme meiner äußerst spärlichen kartographischen Kenntnisse stellte ich denn auch fest, dass ich in Amorbach gelandet war, ausgerechnet, wo ich doch von *amore* etc. damals mehr als genug hatte. Nicht dass ich abergläubisch wäre – Skorpione wie ich neigen nicht zum Aberglauben –, aber ein bisschen seltsam kam mir das Ganze doch vor.

Ich beschloss hier zu übernachten und fand ein einsames Gasthaus mit einer freundlichen Wirtin, die mir ein kaltes

Kämmerchen zu einem christlichen Preis überließ. Sie muss wohl irgendwie erkannt haben, wie es um mich stand, und sie brachte mir alsbald eine Wärmflasche und eine Tasse heißer Schokolade auf mein Zimmer (mit einem Schuss eines nicht näher identifizierbaren, aber spürbar hochprozentigen Gebräus darin), was ich dankbar annahm, denn zu allem Unglück hatte ich nur so ein halbtransparentes kurzes Nachthemd dabei, eines von diesen Fähnchen eben, wie man sie zwischen 18 und 38 anzuziehen pflegt, bevor man sich endlich den Freuden warmer Unterwäsche hinzugeben beginnt. Meine Wirtin schüttelte den Kopf, als sie mich in diesem unsäglichen Teil erblickte, sagte: „Kindchen, damit holen Sie sich ja den Tod!" und war einen Augenblick später mit einem knöchellangen Flanell-Nachthemd wieder zur Stelle. Und einem Paar trockener Socken.

Schon wegen dieses Nachthemds und der Socken wird mir jenes fabelhafte Wirtshaus im Odenwald in ewiger Erinnerung bleiben. Wenn man gerade so eine dumme Liebesgeschichte hinter sich hat, sind eine Tasse Kakao mit viel Sahne und einem kräftigen Schuss Alkohol darin, ein weiches, warmes, innen angerautes Nachthemd und eine Wärmflasche ein echter Seelentrost, was Frau Margarete, die drei Töchter groß gezogen hatte, wohl wusste.

Ich wurde in einem ihrer wunderbaren alten Schleiflack-Töchterzimmer einquartiert – und bevor ich unter dem gigantischen, zentnerschweren und etwas klammen Plumeau einschlief, blätterte ich noch ein wenig in einem alten Kinderbuch, das auch ich einmal gelesen hatte – in genau der gleichen Illustration übrigens: Es war Johanna Spyris *Heidi kann brauchen, was es gelernt hat*. Ich war fasziniert, denn irgendwie war meine eigene Ausgabe bei einem meiner vielen Umzüge verloren gegangen und seitdem suchte ich, wann immer sich eine Gelegenheit dazu ergab, auf jedem Flohmarkt, in jedem Antiquariat danach. Auch hoffte ich, dort eine Ausgabe von *Grimms Märchen* aus den Zwanzigern wieder zu finden, die ich als Kind besessen hatte

Liebe, Schönheit, Wahrheit – darüber
erfahren wir nur aus Büchern!

GEORGE BERNARD SHAW

und die irgendwo verschütt gegangen sein musste. Leider erinnerte ich mich weder an den Namen noch an den Ort des Verlags – und bekanntlich hat in einem solchen Falle die Suche nach der berühmten Stecknadel in einem Heuhaufen mehr Aussicht auf Erfolg als die Suche nach einem Buch, das in Tausenden von verschiedenen Ausgaben erschienen ist – und doch wusste ich: Irgendwann würde ich es finden.

Ich erzählte Frau Margarete davon am nächsten Tag, als wir gemeinsam frühstückten und uns über Gott und die Welt und die Liebe und das Leben im Allgemeinen und im Besonderen unterhielten. Als ich dabei Heidi erwähnte und fand, dass Heidi ja im Unterschied zu mir „brauchen konnte, was es gelernt hat", schenkte mir Frau Margarete spontan ihre Ausgabe. Auch das Flanell-Nachthemd bat sie mich doch bitte zu behalten – sie habe ganze Schränke davon voll.

Dafür und für alles andere bin ich ihr heute noch dankbar: Das Flanell-Nachthemd habe ich lange getragen und inzwischen liegt es wohl verwahrt mit anderen Dingen, die ich in Ehren halte (weil aus ihnen der Stoff meines Lebens gewebt ist), in einer schönen alten, nach Lavendel duftenden Hutschachtel auf einem von meiner Großmutter geerbten Sekretär.

Wer weiß, vielleicht wäre mein ganzes Leben anders verlaufen, wäre dieses Wirtshaus im Odenwald nicht gewesen. Und hätte mich Frau Margarete nicht überdies noch auf jene ungewöhnliche Buchhandlung hingewiesen, die es damals in Amorbach gab. Man konnte dort Bücher und Wein kaufen, schöne alte und neue Dinge, ja sogar märchenhafte Gewänder – es war alles wie ein Traum. Und hier, ausgerechnet hier in Amorbach, fand ich – wen wundert's – mein altes Märchenbuch! Es musste ja so sein! Als Kind habe ich in diesen Illustrationen gelebt, es war lange Jahre (außer einem gleichermaßen geerbten Kinderduden) das einzige Buch, das ich besaß. Später, als ich bei meinen Großeltern lebte, hat sich das dann sehr geändert, aber die Erinnerung an den alten Duden und an die wunderschönen Aschenputtel-Illustrationen sind mir immer geblieben.

LECTURES ILLUSTRÉES

1887

LAUSANNE — AGENCE : RUE MADELEINE, 1

N° 1.   NOUVELLE SÉRIE. — DIX-SEPTIÈME ANNÉE.   JANVIER 1887.

Hier könnte meine Amorbach-Geschichte eigentlich enden, nur ein winziges Detail fehlt noch. Diese äußerst ungewöhnliche Buchhandlung zierte ein feiner Ausleger, auf dem ein Petrarca-Zitat kalligraphiert war:

Die Bücher erfreuen uns im innersten Herzen.
Sie sprechen mit uns, sie raten uns,
sie sind uns in lebendiger,
beredter Vertrautheit verbunden.

PETRARCA

Das war es! Das war die Lösung und ich fragte mich, warum ich nicht eher darauf gekommen war! Warum hatte ich nicht eher beherzigt, was mir meine Großeltern stets geraten hatten: Es ist völlig gleichgültig, welche Erwartungen deine Eltern an dich stellen und wie sie sich deine Zukunft wünschen, *mach etwas, was du wirklich liebst* – werde Buchhändler oder Meeresbiologe oder Schauspieler oder Stehgeiger, ganz gleich, ob es sich dabei um eine angeblich brotlose Kunst handelt oder nicht.

An diesem Tag beschloss ich ganz einfach das zu werden, was ich immer schon werden wollte. Ich gab meinen furchtbar öden, wenngleich gut dotierten Job in der Schweiz auf, pfiff auf alle Pensionsberechtigung, die Skiwochenenden und die ewigen Käsefondues und wurde – Buchhändlerin.

Seither bin ich, was die Finanzen betrifft, nie mehr so richtig auf einen grünen Zweig gekommen, denn bekanntlich kann man sich als selbstständiger Buchhändler hierzulande heutzulande gerade mal ein Eis am Stiel kaufen von dem, was nach Steuer übrig bleibt, aber was macht das schon. Dafür sitzen wir wie die Knaben an der Quelle und genießen Vorteile, von denen andere nur träumen können. Es ist himmlisch. Literatur ist, wie Musik auch, der Beweis, dass es einen Gott geben muss.

Johann Gutenberg

Die Erfindung der Buchdruckerkunst ist das größte
Ereignis der Weltgeschichte.

VICTOR HUGO

Mehr als Gold hat das Blei die Welt verändert.
Und mehr als das Blei in der Flinte
das im Setzkasten.

GEORG CHRISTOPH LICHTENBERG

Bücher sind der Fluch der Menschheit!
Neun Zehntel aller Bücher, die es gibt,
sind blanker Unsinn und die einzig vernünftigen
bemühen sich diesen Unsinn zu entlarven.
Das größte Unglück, das die Menschheit je traf,
war die Erfindung der Druckkunst!

BENJAMIN DISRAELI

Woran man ein wirklich gutes Buch erkennt?
Ganz einfach: Wenn sich seine Lektüre dem Ende zuneigt,
beginnt man ganz unbewusst immer langsamer zu
lesen und hat schließlich, wenn man es zuklappt, das
Gefühl, dass man seinen Autor schon seit vielen,
vielen Jahren kennt.

JAN-WILLEM VAN KÖPING

Über jedem gute Buche muss das Gesicht des Lesers von
Zeit zu Zeit hell werden. Die Sonne innerer Heiterkeit
muss sich zuweilen von Seele zu Seele grüßen, dann ist
auch im schwierigsten Falle Vieles in Ordnung.

CHRISTIAN MORGENSTERN

Welchen Leser ich wünsch?
Den unbefangenen, der mich,
sich und die Welt vergisst
und in dem Buche nur lebt.

JOHANN WOLFGANG VON GOETHE

Wie man lesen soll? Also ich beginne
immer links oben mit dem ersten
Wort und lese mich daraufhin nach
rechts unten durch. Ich finde die
Methode durchaus empfehlenswert.

JAMES THURBER

Es gibt keine moralischen oder unmoralischen Bücher:
Bücher sind gut geschrieben oder schlecht.

Oscar Wilde

Habe unlängst einen Kurs in
schnell-Lesen belegt. Konnte danach Krieg
und Frieden in zwanzig Minuten durchlesen. Geht darin irgendwie um Russland.

Woody Allen

Man sollte immer nur solche Sachen
lesen, die sich gut
auf dem Nachttisch machen,
wenn man mal plötzlich und
unerwartet stirbt.

Julian Barnes

Wer zu lesen versteht, besitzt den Schlüssel zu
großen Taten, zu unerträumten Möglichkeiten,
zu einem berauschenden, schönen, sinnerfüllten
und glücklichen Leben.

Aldous Huxley

Man muss schon viel Phantasie haben um ein wirklich
guter Leser zu sein.

Ralph Waldo Emerson

Warum Lesen gesund ist

Was eine wirklich gute Buchhandlung mit Ihrem Blutdruck zu tun hat

So geschah es also, dass ich den Job aufgab, Tag für Tag an einem Schreibtisch zu sitzen (und Texte zu übersetzen, die niemand wirklich brauchte), und kurzerhand meine eigene Buchhandlung eröffnete. Sie war genau neunzehn Quadratmeter groß und nicht ganz wasserdicht, aber sie gehörte mir und die Bücher darin waren bezahlt, ebenso wie der Computer, der mich damals, vor gut zwanzig Jahren, noch ein kleines Vermögen gekostet hatte. Ein paar Monate später hatten Einbrecher alles, was nicht niet- und nagelfest war – außer den Büchern natürlich –, gestohlen und ich konnte wieder am Nullpunkt anfangen, gerade so wie in einem Mensch-ärgere-dich-nicht-Spiel.

Seither habe ich öfter wieder mal bei Null anfangen dürfen; als ich diesen Rohrbruch hatte, zum Beispiel, und die Versicherung nicht dafür aufkam. Oder als mich ein Kassenräuber am dritten Adventssamstag, kurz bevor ich schließen wollte, um sämtliche Barschaften erleichterte, was meine kleine Firma damals an den Rand des Ruins brachte.

Aber bekanntlich ist das Leben kein Honiglecken. Selbst Jan-Willem, der als Millionär auf die Welt gekommen ist, hat es nicht leicht gehabt – wer hat das schon? „Aber Buchliebhaber", teilte er mir unlängst mit, „Buchliebhaber bringen zumindest das Kunststück fertig, dass die Lichtblicke in diesem Leben überwiegen, und das ist schon mal die halbe Miete. Denn sie sind

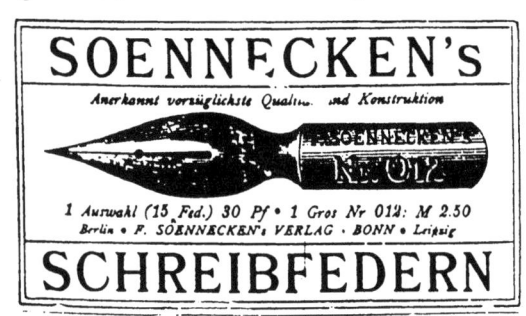

Laß dich den Zorn nit vberwinden,
Thut nit gut.man er kan statt finden.

Mit güte.glimpff vnd freundlichkeit,
Gwint man mer.als durch haß:vñ neid.

F. Sc.

immer entweder dabei zu lesen – und dann ist die Welt ohnehin in Ordnung – oder aber sie freuen sich auf das, was sie bald (weiter-)lesen werden, das heißt also, dass sie sich öfter und ausführlicher freuen als der durchschnittliche Nichtleser. Was, wie man inzwischen weiß, das viel zitierte Immunsystem stärkt. Und daraus wiederum folgt, dass, wer Bücher liest, kaum noch Pillen braucht. Das Geld dafür kann er sich sparen und stattdessen lieber die neue Heidenreich kaufen oder auch Kästners gute alte *Lyrische Hausapotheke*; damit kommt man allemal billiger weg. Eine Heidenreich, schätze ich, enthält mehr von dem, was wir wirklich brauchen, als eine ganze Packung Multivitamintabletten. Denen traue ich ohnehin nicht so ganz. Bücher sind eindeutig die besseren Pillen und wer's nicht glaubt, braucht nur ein oder zwei Kapitel von diesem amerikanischen Kleiderschrank zu lesen – wie heißt er noch – Bill Bryson. Das wirkt schneller und zuverlässiger und hat garantiert keine schädlichen Nebenwirkungen."

Alles, was nicht Literatur ist, langweilt mich.

Franz Kafka

Aber apropos Kleiderschrank. Stellen Sie sich vor, wie groß meine Überraschung war, als kürzlich jener inzwischen nicht mehr ganz so junge Amerikaner im Laden stand, mit dem ich damals in Wilhelmshaven meine Poffertjes teilte. Er strahlte übers ganze Gesicht und sagte: „Sehen Sie, Lady, man soll nie *nie* sagen." Durch einen seltsamen Zufall beliefert uns nämlich hier in Franken derselbe Bücherbote, der vor vielen Jahren die ostfriesische Tour fuhr. Seit einiger Zeit lebt er wieder im Ländle und restauriert den Hof seiner Vorfahren, wenn er nicht gerade in irgendwelchen Archiven die Spuren seiner Familie verfolgt.

Es versteht sich von selbst, dass ich ihm, wann immer ich Poffertjes backe, einen Stapel davon hinstelle, nebst einer Thermoskanne Kaffee mit viel Milch und Zucker darin. Die Kanne liefert mir Peter am nächsten Morgen wieder an und er revanchiert sich für diese bescheidenen Gaben mit industriellen Mengen an Erdnussbutter, echtem Ahornsirup und anderen guten Dingen, die ihm die Seinen von daheim schicken. Manchmal legt er uns (in Verkennung dessen, wie wirklich gute Schokolade schmeckt) auch ein oder zwei Tafeln von jener unsäglichen Substanz in unsere Bücherwannen, die im Land der unbegrenzten Möglichkeiten unter der Bezeichnung Schokolade im Handel ist.

Collection Fischer

DER KLEINE HERR
FRIEDEMANN
VON
THOMAS MANN.

PREIS 2 MK

BAND VI

E.M.A

Die Literatur ist die
angenehmste Art und Weise,
das Leben zu ignorieren.

FERNANDO PESSOA

Der Einzige, dem man damit eine Freude machen kann, ist unser Pistou. Pistou ist nicht pingelig. Er hat ein kleines Alkoholproblem, da er, bevor wir ihn aus dem Tierheim holten, offensichtlich einem Cafétier gehört hat, der nach dem Motto „Lieber eine Zirrhose als eine Neurose" ganz gern einen hob und auch Pistou diesen Genuss nicht verweigerte. Dieser Cafétier starb dann tatsächlich an Leberzirrhose und unser Pistou sah auch schon alles doppelt, als er zu uns kam. Er ist übrigens eine höchst eigenwillige Kreuzung aus belgischem Schäferhund und griechischem Hirtenteppich, ein äußerst liebenswertes Wesen, wenn er nur die Pfoten vom Alkohol lassen könnte. Aber in letzter Zeit ist es schon viel besser geworden, seit Maxie, unsere Jüngste, ihre „Bibliotherapie" begonnen hat. „Es ist doch ganz klar", setzte sie mir kürzlich auseinander, „dass, wer nicht liest, eigentlich ein armer Hund ist – und vielleicht schon deswegen mehr Alkohol trinkt, als ihm gut tut." Seit sie das komplette Alphabet drauf hat, liest sie ihm aus unseren Hundebüchern vor und ich muss sagen, das Ergebnis ist erstaunlich. Pistous Fell ist deutlich glatter geworden und der Schwanz irgendwie buschiger, womit neuerlich bewiesen sein dürfte, wie gesund Lesen ist.

Tatsächlich stärkt es das Immunsystem, wie Jan-Willem mutmaßte – das haben neuere Forschungen eindeutig bestätigt. Vor allem jene Bücher, die Jan-Willem in seinem Rettungsboot anzubieten pflegte, erhellen alle Gemüter.

Die Universität Innsbruck hat in einer Langzeitstudie herausgefunden, dass, wer täglich ein paar Seiten Kishon liest oder Kurt Tucholsky oder auch Wilhelm Busch, ein deutlich geringeres Risiko aufwies, an irgendwelchen Herzgeschichten zu erkranken, als die Leser der Kontrollgruppe, die man nur mit Tageszeitungen abfütterte, vor allem mit der Sorte staubtrockener Blätter, die einem das Gefühl vermitteln, dass wirklich alles, aber auch alles den Bach hinuntergeht. All die schlechten Nachrichten schlagen sich einem wirklich aufs Gemüt. Den Verdacht hege ich ohnehin schon länger, weswegen ich mir seit einiger Zeit das Wesentliche, was da steht, von meinem Mann erzählen lasse. Auch werden die Glossen immer seltener sowie jene netten Kolumnen, die ich stets als Allererstes zu lesen pflegte, als ich noch Zeitung las. Ihnen gelang es in der Regel, die verwirrenden Ereignisse unserer komplizierten Welt ins rechte Licht zu rücken. Wen wundert's also, dass die Zeitungsleser, so das vorläufige Ergebnis der Innsbrucker Studie, eher genervt wirkten. Tatsächlich wiesen sie einen chronisch erhöhten Adrenalinspiegel auf und Adrenalin ist, wie jedermann weiß, auf die Dauer nicht nur schlecht für den Teint und fürs Nervenkostüm. Dauerstress stört überdies unser Abwehrsystem, sodass die Freien Radikalen, die uns stets ans Leder wollen, sturmfreie Bude haben.

An jenen magischen Orten jedoch, an denen es Bücher gibt, fanden die Innsbrucker gleichzeitig heraus, normalisiert sich besagter Adrenalinspiegel sofort. Die wunderbare Ruhe und das Gefühl, plötzlich in einer Welt zu sein, in der die Uhren anders gehen, das verfehlt seine Wirkung nie. Echte Buchliebhaber hatten auch, so die Innsbrucker Studie, einen deutlich niedrigeren Blutdruck, der sich oftmals im Idealbereich befand. Außerdem kamen sie mit Stress offensichtlich weitaus besser klar und zogen sich mit einer um dreihundertzwanzig Prozent (!!) verringerten Wahrscheinlichkeit irgendwelche Zipperlein zu, an denen die Mitglieder der deprimierten, Zeitung lesenden Kontrollgruppe oft litten (was ich ihnen nicht verdenken kann – mir wird oftmals so schlecht, wenn ich nur einen Blick auf die Titelseiten der Zeitungen werfe, die ich im Supermarkt an der Kasse finde, dass ich zuweilen noch einen Underberg mit aufs Band legen muss oder eine Stange Mon Chéri, die mir stets über das Schlimmste hinweghilft).

Unser Pistou ist der beste Beweis für die Richtigkeit der – wenn auch noch vorläufigen – Schlüsse, die man in Innsbruck aus dieser Studie gezogen hat: Seit unsere Maxie ihm Wilhelm Buschs *Plisch und Plum* vorgelesen hat, ist er ein ganz anderer Hund geworden. Er hat einen Blutdruck, sagt unser Tierarzt, wie ein junger Kerl und einen fabelhaften Cholesterinspiegel, wie er ihn selbst gern hätte. Und das wohlgemerkt trotz der Unmengen an Schokoriegeln, die unsere Maxie ebenso brüderlich mit ihm teilt wie ihr Bett. Daran sieht man wieder einmal, was Bücher zu bewirken imstande sind.

Ein Buch ist ein Freund, der nie enttäuscht.

ARABISCHES SPRICHWORT

Von Spülkästen und Kuckucksuhren

Glauben Sie ja nicht, dass ich das alles nur schreibe,
weil ich Buchhändlerin bin!

Natürlich ist eine gewisse Parteilichkeit nicht auszuschließen, aber es lässt sich schwer von der Hand weisen: Bücher haben nicht nur all die oben näher beschriebenen Vorteile, von denen echte Buchliebhaber schon lange aus eigener Erfahrung wissen. Es gibt noch viel mehr!

Bekannt ist immerhin, dass Bücher etwas höchst Entspannendes haben – selbst wenn man Spannendes liest. Darin liegt nur scheinbar ein Widerspruch. Denn der Spannung, die ein Buch vermittelt, gelingt es, uns von all dem abzulenken, was uns gerade das Leben schwer macht (und – machen wir uns nichts vor – das Leben *ist* schwer). Daraus folgt: Unter Umständen ist die gute alte Agatha Christie (oder auch der Autor irgendeines wunderbaren, romantischen Schmachtfetzens) durchaus in der Lage, mehr für unsere geistig-körperliche Gesundheit zu tun als unser Hausarzt mit all seinen Rezeptblöcken.

Oft werde ich gefragt, ob das Internet, und aller „E-commerce", wie es neudeutsch heißt, dem Buchhandel, so wie er sich bisher gestaltet habe, nicht sehr schade. Meine Antwort darauf verblüfft die meisten. „Das Internet lässt mich völlig kalt", entgegne ich, „und ich sage Ihnen auch, warum. Weil es zwei ganz und gar unterschiedliche Arten des Lesens gibt: Entweder liest man zu seinem Vergnügen und dann wird man schätzungsweise nur in sehr, sehr seltenen Aus-

nahmefällen Lust verspüren, das Buch seiner Wahl am Bildschirm zu lesen, während man dasselbe ganz bequem in einem sanft beleuchteten Sessel haben kann. Oder auch in einer Badewanne, einem gemütlichen Liegestuhl, einem Strandkorb etc., an Orten also, an denen man schon ein wenig zaubern muss, will man *online* gehen.

Dann gibt es den Lesertyp, dem es beim Thema Bücher in erster Linie auf den Informationsgehalt ankommt. Er benutzt das Internet wesentlich häufiger als der erstgenannte Genussleser und doch wird er zunehmend feststellen, dass die oberflächliche Information, mit der das Internet uns abzuspeisen Tendenz hat, doch nicht so ganz das Wahre ist. Auch mit den Quellenangaben nimmt man es dort gemeinhin nicht sehr genau. Doch was man schwarz auf weiß besitzt, kann man getrost nach Hause tragen, das ist eine uralte Kiste, auf die schon Goethe damals gekommen ist. Bücher setzen uns nämlich umfassend ins Bild. Sie werden, meistens jedenfalls, von Leuten geschrieben, die mächtig über eine Sache nachgedacht haben und wissen, was anliegt. Von ein paar Ausnahmen vielleicht abgesehen."

Das Internet ist ja ganz praktisch, wenn ich eine Zugauskunft will oder eine Adresse oder weiß der Himmel was sonst – nein, ich will hier auch gar nichts Ab- oder Geringschätziges über diesen gigantischen Informationspool sagen, über den jetzt jeder verfügen kann. Toll. Sagenhaft. Aber geben Sie in eine Ihrer Suchmaschinen doch zum Beispiel mal das Stichwort „Buxtehude" ein. Sie werden verrückt! Wer soll denn das alles lesen? Gehen Sie in eine Buchhandlung, fragen Sie eine(n) der netten BuchhändlerInnen (Buchhändler sind nämlich immer nett), plaudern Sie ein wenig, trinken Sie einen Kaffee – und bummeln Sie später ganz entspannt mit der fetten Beute eines höchst angenehm verbrachten Nachmittags aus dem Geschäft. Das, Freunde, ist das wahre Leben: der Duft und die Atmosphäre einer richtig guten Buchhandlung. Hält das einen Vergleich aus mit dem piepsenden Modem und den aufdringlichen Werbebannern, die einen jetzt von überallher anspringen? Wie viel angenehmer ist da doch ein Besuch in einer Buchhandlung

oder auch in einer schönen, stillen Bibliothek, in der grüne Lampen auf den Lesetischen stehen und wildfremde Leute einem plötzlich zulächeln!

Lesen ist immer noch die angenehmste Art, mit halb geschlossenen Augen durch Raum und Zeit zu surfen. Das ist im Grunde das ganze Geheimnis: Wirkliche, echte Leser, die sich auf die Kunst des Abschaltens verstehen (abschalten wie in: „Sie können den Computer jetzt abschalten"), schlagen zwei Fliegen mit einer Klappe – sie erfahren immerzu Neues, Interessantes, und zweitens tun sie ganz intuitiv genau das, was allem Stress am besten entgegenwirkt – sie lesen sich in aller Seelenruhe fest. Und wenn sie gerade einmal nicht lesen können, weil der Alltag mit seinen banalen Forderungen bewältigt werden muss, dann freuen sich darauf zu erfahren, wie es wohl weitergeht.

Deswegen habe ich in meinem Büro auch stets einen Roman deponiert, in dem ich immer nur stückchenweise lese. Ich beherrsche diese Technik seit meiner Schulzeit in Jever, wo ich immer irgendetwas Nettes in einem Spülkasten auf der Mädchentoilette deponierte, und das

half mir stets übers Ärgste hinweg. Auch später, als ich in diesem Schweizer Übersetzungsbüro arbeitete, hielt ich es ähnlich: Da las ich Joseph von Westfalens *Moderne Zeiten* auf dem Klo oder Robert Gernhardt oder auch den genialen, sehr zu Unrecht in Vergessenheit geratenen Saki (alias Hector Hugh Munroe). Allerdings flog die Sache eines Tages auf, als sich eine Kollegin, die stets so unterdrückte Juchzer aus meiner Zelle vernahm, eine Leiter besorgte – wozu schon einiges an krimineller Energie nötig ist – und über den Rand lugte, weil sie hoffte, mich in flagranti zu erwischen, das Aas. Sie verpfiff mich tatsächlich, mit dem Erfolg, dass ich mit schlotternden Knien zum Chef geschickt wurde – der mich als Erstes fragte, ob ich ihm das Buch, das mich da so amüsiere, nicht ausleihen könne. Er habe nämlich zurzeit nichts zu lachen … Noch heute schicke ich ihm Carepakete mit Büchern wie David Sedaris' *Nackt* (das bei ihm daheim fast eine Ehekrise auslöste, weil seine Gattin sich unter dem Titel etwas ganz anderes vorstellte) oder auch Bill Bryson – das ist dieser amerikanische Kleiderschrank, den niemand lesen kann, ohne eine Großpackung Kleenex in Reichweite zu haben.

Dichtungen
aus der
Kinderwelt.

Altherkömmliche
Lieder, Erzählungen, Lehren
und
Singspiele für Kinder
von neuem herausgegeben.

Hamburg, 1815
bei August Campe.

Braunschweig, gedruckt bei Friedrich Vieweg.

So lese ich mich denn zuweilen, wenn mir alles zu viel wird, auch im Büro fest, und da ich manchmal die Zeit darüber vergesse, haben mir meine Kolleginnen originellerweise unlängst eine *Kuckucksuhr* geschenkt. Allerdings haben sie nicht bedacht, dass man an Orten, wo man Rechnungen aufmacht und Kontoauszüge sichtet, keine Kuckucksuhren aufhängen sollte. Das habe ich kürzlich (so ähnlich) in einem von diesen Feng-Shui-Büchern nachgelesen. Offensichtlich mache ich in der Hinsicht überhaupt alles falsch. Zum Beispiel steht bei mir der Papierkorb in der Geldecke, womit endlich erklärt ist, warum ich finanziell nie auf einen grünen Zweig komme! Jedenfalls stand in diesem Buch, dass einen dieses ewige *Kuckuck, Kuckuck* in den Wahnsinn zu treiben vermag oder gar in ein frühes Grab. Da mir nach beidem der Sinn nicht sonderlich steht, habe ich daraufhin meinen Mann gebeten, mit seinen geschickten Chirurgenhänden diesem Vogel den Kuckuck rauszunehmen, was er auch tat. Danach rief das Tier *Kitkat, Kitkat* und spielt somit alle halbe Stunde auf unsere Vorliebe für diese köstlichen Schokoladenwaffeln an, die wir uns öfter genehmigen und mit denen wir auch Kunden trösten, wenn sie gerade ein wenig Zuspruch in Verbindung mit tätiger Nächstenliebe brauchen. Kitkat hilft immer. Aber dieses *Kitkat, Kitkat* alle Naselang war denn doch mehr, als ich ertragen konnte. Inzwischen habe ich unseren Johannes gebeten, doch mal nachzusehen, was man mit dieser Uhr anfangen kann, und das gute Kind hat mir eine Spieluhr eingebaut, die mich nun alle halbe Stunde an Christianssiel und an die untergegangene Welt der „Esperanza" erinnert. Jetzt erfreut mich meine Kuckucksuhr mit der zauberhaften Mozartmelodie, die früher

einmal in so manchem Glockenspiel erklang: *Üb immer Treu
und Redlichkeit.* Das rührt mich stets zu Tränen, vor allem,
wenn ich gerade mal wieder entdecke, dass mir da jemand –
unter Hinterlassung sämtlicher Verpackungsutensilien – einen
Pelikanfüller für hundertfünfzig Mark gestohlen hat. Oder sämtliche Mokkalöffel vom Kaffeetisch. So etwas macht mich immer
ganz traurig.

Solche Wortfossilien wie Redlichkeit, Anständigkeit, An-
stand etc. lagern heute, scheint mir, höchstens noch als Expo-
nate Numero 2567b, c und d in den Kellern irgendwelcher
Museumsdepots, wo sie – wenn überhaupt – einmal jährlich
jemand abstaubt. Vielleicht kommt ja mal ein Spracharchäologe
darauf, diese längst vergessenen Werte als Überreste einer
präglobalisierten Gesellschaft zu etikettieren und in den Glas-
särgen eines Museums auszustellen, wo sie kaum mehr einer
eines Blickes würdigt, wer weiß?

Einstweilen sind immerhin die zwanzigtausend Buchhandlungen, die es in Deutschland gibt, die Orte, an denen man
noch nachlesen kann, was einst mal wichtig war. Solange es
Buchhandlungen gibt, ist die Welt noch nicht verloren.

Kleine Bücherfluchten

„Pädagogisch wertvoll"

Zu den Stammgästen auf meiner Bücherinsel zählt eine sehr erfolgreiche Kinder- und Jugendbuchautorin, mit der ich ab und zu einen Kaffee trinke und ein Stündchen verplaudere. Sie hat dieses wunderbare Blitzen in den Augen, das höchst kreative Menschen auszeichnet, und es ist eine Freude, ihr zuzuhören, wenn sie über den einen oder anderen Gegenstand, der sie gerade interessiert, ins Schwärmen gerät.

Sie ist blond, bildhübsch und, wie sie von sich selber sagt, sehr eigenwillig in Bezug auf ihre Bücher. Sie lässt sich von niemandem sagen, wo sie entlang zu schreiben hat, und auf die pädagogisch wertvollen Ratschläge ihrer Verlage pfeift sie ganz einfach. „Man sollte nicht allem glauben, was ‚die Wissenschaft' so herauszufinden meint, denn ‚die Wissenschaft' kann nur so objektiv sein wie die Leute, die ein Interesse an diesen Gutachten haben. So kommt etwa alle Naselang eine neue Erkenntnis zum Thema Ernährung heraus und man klärt uns darüber auf, wie schädlich oder wie nützlich dieses oder jenes sei, dabei kann man – im wahrsten Wortsinne – Gift darauf nehmen, dass dahinter irgendein Foodkonzern steckt, der seine faden Frühstücksflocken an den Mann zu bringen versucht. Am besten ist es, an allem erst einmal zu zweifeln, wie Lichtenberg fand, und sei es auch an dem Satz *Zwei mal zwei ist vier.*"

Paula ist schon ein sehr unabhängiger Geist, vor allem aber gehört sie zu den Leuten, die noch ganz mühelos jenes kostbare, kultivierte, aus vollständigen Sätzen bestehende Deutsch zu sprechen imstande sind, das inzwischen aus der Mode zu kommen scheint und das von einer Art „Sprechblasen-Kauderwelsch" – wie sie es nennt – ersetzt wird. Die Pädagogen in ihren Verlagen fordern sie immer wieder auf, doch mehr „Jugendsprache" in ihren Büchern zu verwenden – das klinge doch irgendwie „cooler", doch da beißen sie bei Paula auf Granit.

Unlängst fragte ich sie, welches Buch sie am meisten geliebt habe, als sie Kind war. Ich staunte nicht schlecht, als sie sich ein wenig zu mir herüberbeugte und mir – mit einem Augenzwinkern – zuflüsterte: „Ich verrate dir ein Geheimnis. Ich hatte überhaupt keine Bücher. Null."

Ein paar Tage später brachte sie mir ein paar Manuskriptseiten, die hier zu veröffentlichen ich ihre ausdrückliche Erlaubnis habe. Es sei weiter nichts Besonderes, behauptete sie, nur so ein paar Assoziationen, die sie nach unserem Gespräch in der Buchhandlung notiert hatte.

Natürlich, begann ihr erstaunlicher Text, natürlich würde ich dir hier gern erzählen, dass ich schon immer Bücher über alles geliebt habe, dass ich mit Hunderttausenden von Gute-Nacht-Geschichten aufgewachsen bin, mit Erich Kästner und mit Astrid Lindgren, mit *Tom Sawyer und Huckleberry Finn* – doch die traurige Wahrheit ist: Ich besaß nicht einmal einen *Struwwelpeter*. Die einzigen Druckwerke, die sich in unserem Hause befanden, waren erstens ein Neues Testament (das meine Eltern zur Hochzeit bekommen hatten), zweitens die Gebrauchsanweisungen für eine Miele-Wäscheschleuder sowie für einen Dampfentsafter (der aber nie richtig funktioniert hat), drittens Roland Gööcks *Großes Gesundheitsbuch* (das der vielen verfänglichen Abbildungen wegen aber sicherheitshalber unter Verschluss gehalten wurde) und viertens ein Wandkalender unserer örtlichen Sparkasse. Das war's so in etwa. Später kam dann immerhin noch ein Telefonbuch hinzu, das ich stets ganz interessant fand. Meine Mutter war der liebenswerteste, großzügigste Mensch, der sich nur denken lässt, aber leider hatte sie einen entscheidenden Fehler: Sie hielt nichts, aber auch ganz nichts von Büchern. Bücher, behauptete sie, hätten in etwa so viel mit dem richtigen Leben zu tun wie der Papst mit der Liebe.

Was wir damals noch nicht so recht verstanden. Wir wussten nur: Unsere Mama war den höchst abenteuerlichen pseudowissenschaftlichen Theorien irgendeines Hansels auf den Leim gegangen, der die völlig abwegige Ansicht vertrat, dass man die kindliche Phantasie nicht mit Büchern und Spielzeug überreizen (!!) solle, weil sich dann die eigene Kreativität des Kindes nicht – oder nicht richtig – entwickle. Auch solle man ein Kind aus den genannten Gründen auf keinen Fall in einen Kindergarten geben. Dort werde – „neuesten Erkenntnissen zufolge" – nur Zeit mit Aktivitäten verschwendet, Zeit, die ein Kind jedoch dringend nötig habe um die eigene Phantasie und die eigene Originalität zu aktivieren. Mehr darüber könne der verantwortungsbewusste Erzieher in einer Broschüre nachlesen, deren Autor zu sein er das Vergnügen habe …

Dieser Schwachsinn – dessen Urheber man von Rechts wegen eigentlich hätte einbuchten müssen – fiel auf sehr fruchtbaren Boden bei unserer guten, wohlmeinenden Mutter. Mit dem Ergebnis, dass wir, meine Geschwister und ich nämlich, die Angeschmierten waren.

Immerhin gab es bei uns daheim statt Büchern jede Menge Musikinstrumente, Flöten und Tamburine und Xylophone. Doch dieses orffische Vergnügen ließ uns derart kalt, dass unsere gute Mutter, die selbst sehr musikalisch war, mit dem Schicksal haderte und sich verwundert fragte, wie es denn angehe, dass die Äpfel so weit vom Stamm fallen.

Immerhin gelang es damals meinem ältesten Bruder, sich seit dem Sommer 1957, sobald er alle Buchstaben entziffern konnte, durch die Gemeindebibliothek zu schmökern, und zweifellos hätte er auch mich mitgeschleppt, wenn unsere Mutter dies nicht aus den oben genannten pädagogischen Gründen zu verhindern gewusst hätte. Dafür tat ich ihr aber auch nicht den Gefallen mit diesen öden Tschinellen und Tamburinen: Ich wollte mit meinem Bruder in die Bücherei gehen dürfen und in Ruhe Bilder angucken. Diesen Krach daheim fand ich unerträglich.

Woran man wieder einmal sieht, dass die besten Vorsätze oftmals an den dümmsten Zufällen scheitern. Vielleicht, sehr wahrscheinlich sogar, wäre mein Leben ganz anders verlaufen, hätte sich unsere Mutter nicht die Theorien dieses Dr. Dummbeutel (Name geändert) zu Eigen gemacht.

Wegen meines Bruders und seiner kleinen Fluchten Richtung Gemeindebibliothek gingen jedenfalls meiner Mutter ehrgeizige Pläne zu einem guten Teil in die Hose. Dass ich mit sechs Jahren Geschichten zu schreiben begann, über deren exotische Phantasie sich meine Grundschullehrerinnen gar nicht mehr beruhigen konnten, wertete sie immerhin als schönen Erfolg ihrer Erziehung.

Was sie *nicht* wusste, war: Mein älterer Bruder hat stets Bücher mit nach Hause geschmuggelt, an denen er auch mich teilhaben ließ. Sie waren zwar zum größten Teil nicht für mein Alter geeignet, weil es ihm an entsprechender Sachkenntnis mangelte, aber das war uns ziemlich egal. Hauptsache, wir hatten Stoff. Alles andere nahmen wir nicht so genau. So machte ich im zarten Alter von sechseinhalb Jahren die Bekanntschaft von *Jerry Cotton*, während sich die anderen Kinder meiner Altersgruppe noch in der guten Gesellschaft von James Krüss und Co. befanden.

Was meine Mutter *außerdem* nicht wusste, war: Ihr eigener Mann verriet ihre Pädagogik, indem er mich heimlich mit *Reader's Digest* versorgte, und dafür bin ich ihm heute noch dankbar, denn er ist meinetwegen ein beachtliches Risiko eingegangen.

So kam es denn, dass ich in der Schule stets eine Reihe von altklugen Texten voller Fremdwörter drauf hatte, die für *Das Beste* so typisch sind – ich änderte sie leicht ab, damit sie echter klangen, und verblüffte die Pädagogen mit tiefsinnigen Beobachtungen wie: „Erziehung ist die organisierte Verteidigung der Erwachsenen gegen uns Kinder" – das ist so die Art von Verlautbarungen, bei denen Lehrer in der Regel gleich Haltung annehmen, weswegen ich schon mit sieben jede Menge Respekt genoss und als so eine Art Überflieger galt.

„Siehste!", pflegte meine vortreffliche, wohlmeinende Mama triumphierend lächelnd zu meinem guten Papa zu sagen, wenn sie vom Elternsprechtag heimkam. Der schmunzelte nur dazu, weil er wusste, woher meine fabelhaften Einfälle kamen. „Für mich ist es immer wieder erstaunlich", schrieb er mir viele Jahre später, „wie wenig selbst die sorgfältigste Erziehung einen kreativen Feuerkopf von seinen Vorhaben abzubringen imstande ist."

Ein Buch ist wie ein Garten, den man in der Tasche trägt

Warum das Glück dort zu Hause ist, wo es Bücher gibt

Eines schönen milden Sommerabends saßen der alte Jan-Willem van Köping und ich im Garten und tranken Erdbeerbowle. Die Kinder schliefen schon, mein Mann war, wie so oft, unterwegs. Nur die Hunde lagen träumend – und hin und wieder leise seufzend – zu unseren Füßen. Es wurde Nacht. Glühwürmchen irrlichterten durch meine Levkojen und funkten den Malven, die schon dicht gemacht hatten, ins Konzept. Die Mücken kamen, aber wir blieben trotzdem draußen, so schön war es und so still – von Castors und Pollux' Geseufze einmal abgesehen.

In solchen Nächten fallen Sternschnuppen. Sie allein sind schon Grund genug aufzubleiben, denn wie jedermann weiß, darf man sich, wenn man sie sieht, etwas wünschen. Und vielleicht geht der Wunsch auch in Erfüllung – allerdings nur, wenn man nicht verrät, was man sich gewünscht hat. Aber ich habe einen Trick herauszufinden, an was der andere gerade gedacht hat. So fragte ich Jan-Willem an jenem Abend (*post sternschnuppem*), was er sich wohl wünschen würde, wenn ihm eine gute Fee begegnete. Er antwortete ohne zu zögern, er würde sie bitten, ihn mit den Autoren einiger seiner Lieblingsbücher bekannt zu machen. Denn was er sich wirklich wünsche, mehr als alles andere in der Welt, sei einmal einen ganzen Abend in der Gesellschaft Goethes zum Beispiel zubringen zu dürfen, bei einer seiner berühmten Abendgesellschaften, mit *Teltower Rübchen* als Entree und *Bekränzter Brodttorten* zum Dessert … Auch hätte er zu gern einmal die Werfels getroffen oder die Zuckmayers oder sich in Rahel Varnhagens Salon umgesehen. Er gäbe auch etwas darum, könnte er nur einmal George Bernard Shaw oder Mark Twain, diese beiden Feuerköpfe, live erleben. Wie schön wäre es doch, einen Sommerabend lang mit Felix

Timmermans plaudern zu dürfen oder gar mit Stefan Zweig ... Thomas Hardy würde er schon seine Meinung sagen, wenn er jemals Gelegenheit bekäme, ihn zu treffen. „Aber dafür", überlegte Jan-Willem, „stehen die Chancen wohl ziemlich schlecht, was meinst du, Marie?"

Ich war verblüfft. Jan-Willem ist sehr alt, müssen Sie wissen. Er geht inzwischen auf die hundert zu und eigentlich hätte man erwartet, dass er sich das eine oder andere Zipperlein, das er sich so im Laufe der Zeit zugelegt hat, wegwünschte. Er hat es inzwischen ein bisschen mit der Leber, weil er nicht nur Kakao trinkt, sondern auch hin und wieder ein Gläschen *Bushmills*, doch für sein Alter ist er mächtig gut beieinander.

Was – wie auch im Falle seines Cousins Jean-Jacques – nur auf den wohltätigen Einfluss seiner Bibliothek zurückzuführen sei. Das beste Mittel, um „forever young" zu bleiben, behauptet Jan-Willem, sei nicht etwa, sich das Herz aus dem Leib zu trainieren und kilometerweit zu joggen oder Rad zu fahren, sondern ein stummes Zwiegespräch mit jenen Büchern (und deren Autoren) zu führen, die wirklich etwas zu sagen haben.

Das hätten jedoch nicht alle Bücher zu bieten. Man müsse eine Menge lesen, bevor man darauf komme, was man sich alles sparen kann. Für so manche Schwarte, erklärte er, brauche man Nerven wie Drahtseile – weil darin, wie er es nennt, „pausenlos die Post abgeht", was ziemlich drollig klingt, weil Jan-Willem immer noch diesen wunderbaren holländischen Akzent hat. Immerzu passiere etwas in diesen Büchern, klagt er, und selbst in denen, die eigentlich ganz nett aussehen, wird plötzlich meuchlings wer ermordet oder kommt auf eine seltsame Art zu Tode. Irgendwie habe die Literatur der späten Neunziger etwas seltsam Morbides und das sei etwas, was die Freude am Lesen doch sehr trüben könne. Im Zweifelsfalle lese er lieber seinen geliebten Felix Timmermans. Oder sehe sich ein Stück von Hauptmann an – auf der Bühne seiner Phantasie.

Trotz allem ist Jan-Willem van Köping immer noch ein leidenschaftlicher Leser und da er, wie er zu sagen pflegt, „nicht gerade am Bettelstab nagt" (solche Sprachwursteleien sind seine Spezialität), hat er auch das nötige Kleingeld um all die Bücher zu erwerben, deren Besitz er für einen kultivierten Menschen als nötig erachtete. Dazu gehörten zum Beispiel auch solche Raritäten wie William Morris' legendäre Illustration der *Canterbury Tales* von Geoffrey Chaucer, die aus schwer nachvollziehbaren Gründen heute nicht mehr lieferbar ist. Dabei wäre es ein Leichtes, sie nachzudrucken und mit einem schönen Vor- oder Nachwort zu versehen, in dem sich so Einiges über eine der erstaunlichsten Künstlerpersönlichkeiten des neunzehnten Jahrhunderts nach-

lesen ließe: William Morris war nicht nur Maler und Graphiker, sondern überdies Schriftsteller, Sozialreformer und Politiker. Seine unerhört hellsichtigen Texte, die die Folgen einer maßlosen, alles Menschliche aus dem Blick verlierenden Industrialisierung anprangern, sind gerade jetzt wieder von verblüffender Aktualität. William Morris' Illustration der *Canterbury Tales* gehört zu den Meilensteinen in der Geschichte der Buchkunst, so wie auch Heinrich Vogelers Illustrationen der *Insel* – aber so geht es nun mal zu in der Welt der Bücher: Da geraten Dinge in Vergessenheit, die es nun wirklich nicht verdient haben, während gleichzeitig allenthalben die „Schrottproduktion" – das ist auch so ein van Köping'scher Ausdruck – zunimmt.

Als Jan-Willem in den frühen Sechzigern seine eigene Buchhandlung eröffnete, tat er das angeblich, weil er irgendwo die Bücher wieder loswerden wollte, die er aus Versehen mehrfach gekauft hatte. Obwohl man seiner Meinung nach von einem guten Buch ruhig zwei Exemplare haben kann, für den Fall, dass man eines davon verlegt – so etwas komme ja schon einmal vor.

Ich fand das immer ein wenig über-trieben, bis mir genau so etwas pas-sierte – vor ein paar Jahren ließ ich meine Ausgabe von Wilkie Collins' *Frau in Weiß* im Zug liegen – und war untröstlich, als sich partout kein Ersatz dafür finden ließ. (Inzwischen gibt es ja dankenswerterweise eine sehr schö-ne neue Übersetzung im Taschenbuch, aber die war damals noch nicht liefer-bar.) Ich verbrachte ein paar unruhige Tage und Nächte, weil ich mir um die

Verlobten Sorge machte. Ich musste unbedingt herausfinden, wie es weiterging. Nun dachte ich zwar, dass so ein viktoriani-scher Schmachtfetzen wohl unter Jan-Willems Würde sei, doch siehe da, er besaß sogar zwei Ausgaben der *Frau in Weiß*, eine davon zeitgenössisch, und er setzte mich nicht nur umfassend über die wegbereitende literarische Bedeutung dieses virtuos konstruierten Romans ins Bild, sondern er klärte mich überdies über den weiteren Fortgang der Geschichte in groben Zügen auf … Er verriet nicht zu viel, verabreichte mir nur gerade die Dosis, die mir erlaubte, wieder ruhig zu schlafen. Zwölf Stun-den später traf als Eilsendung Jan-Willems Wilkie Collins ein, nebst einem Pfund feinster van Keuping'scher Schokolade. Ir-gendwie, schrieb Jan-Willem, erinnere ihn das Ganze an Dickens' *Old Curiosity Shop*, das zunächst, wie Collins' *Woman in White* auch, als Fortsetzungsroman erschienen war. Zu bei-den Seiten des Atlantiks wartete man sehnsüchtig auf eine neue Lieferung und als das Frachtschiff mit der letzten Folge in den Hafen von New York einlief, war der Quai schwarz vor Men-schen und den Seeleuten wurde die bange Frage gestellt: „Does Little Nell die?"

Mein Gott, das waren noch Zeiten! Damals hätte man Buch-händler sein müssen! Da war jedes Buch eine Sensation – und bei Licht besehen ist es das auch heute noch. Nur leider gilt auch hier wie allenthalben die Regel, dass das Publikum die Dinge umso weniger schätzt, je mehr davon zu haben sind. Das sei in etwa so wie mit den Karotten, für die Jan-Willem schwärmt und die wahrscheinlich der Grund dafür sind, dass er mit knapp siebenundneunzig eine Kondition hat wie ein griechischer Gott: Karotten, alias rote oder gelbe Rüben, seien eigentlich köstlich, aber sie müssten so selten sein wie Spargel um im Ansehen zu steigen. Aber da es so viele davon gibt, nimmt sie niemand für voll. Ähnliches gelte für Bratkartoffeln, Grünkohl, Bismarckheringe und „Poffertjes". Für letztere lässt Jan-Willem sogar jeden Kaviar stehen. Das schwarze Zeug werde ohnehin maßlos überschätzt, erklärte er bei unserer letzten Poffertje-Sitzung, und wer genau hinschmecke, habe bald heraus, dass es eigentlich genauso appetitlich ist, wie es aussieht. In Zermatt, St. Moritz und Davos, hat mir Jan-Willem erzählt, gebe es neuerdings *Kaviarburger* als Imbiss für Leute, die wirklich zu viel Geld haben. Dreißig bis fünfzig Fränkli dürfe man für so ein Häppchen berappen und diese Teile gehen weg wie die sprichwörtlichen warmen Semmeln, obwohl sie kaum mehr als einen hohlen Zahn zu füllen imstande sind. Mit seiner Karotte und seinen alten, leicht verbeulten Cordhosen sei er in dem feinen Sanatorium, in dem er ein wenig gekurt habe, jedenfalls unangenehm aufgefallen – zumal er stets mit so einer alten Schwarte unterm Arm herumgelaufen sei. Niemand habe geahnt, dass es sich dabei um eine handsignierte (!) Erstausgabe des *Zauberbergs* handelte. Selbst der Taschendieb in Davos, der Jan-Willem um sämtliche Barschaften nebst Taschenuhr erleichterte, ließ das Buch, das er ganz leicht hätte mitge-

hen lassen können, außer Acht. So kann man sich eben täuschen. Die Uhr hatte Jan-Willem, weil er seine daheim vergessen hatte, bei Woolworth für zwölf neunzig erstanden. Wenn der Dieb auch nur geahnt hätte, dass er für den Gegenwert des signierten *Zauberbergs* leicht eine Anzahlung auf ein Reihenhäuschen hätte leisten können um endlich ein ehrbares Leben zu führen … Aber so ist das nun mal, so kann man eben daneben greifen. „Vielleicht liest er diese Zeilen ja zufällig und beißt sich dann ganz schön in den Arm, aber ich schätze mal, bei Licht besehen, ist die Wahrscheinlichkeit dafür nicht sonderlich hoch. Diebe lesen nicht. Das ist statistisch erwiesen", erläuterte Jan-Willem, während ich ihm noch ein Glas Erdbeerbowle einschenkte.

Ich kann nicht ohne Bücher leben.

THOMAS JEFFERSON

„Schade, dass diese schönen Sommerabende so selten sind", überlegte ich. „Das ist richtig", stimmte Jan-Willem zu, „aber weißt du, Kindchen, immerhin sind Buchliebhaber wie wir in der glücklichen Lage, selbst wenn es draußen stürmt und schneit und der Winter gar nicht enden will, den *Verzauberten April* zum Beispiel zu lesen und es in unserer Seele ganz einfach Frühling werden zu lassen. ‚Ein Buch ist wie ein Garten, den man in der Tasche trägt', sagen die Araber, und wie Recht sie haben. Darüber solltest du mal ein Buch schreiben."

„Und du hast auch schon den Titel dafür – ein Buch ist wie ein Garten …, hm, wie gut das klingt. Bücher sind wirklich ein Stück vom Paradies, einem Paradies, aus dem wir, das ist das Schöne daran, nicht vertrieben werden können. Aber apropos … ist Paradies nicht eigentlich ein persisches Wort?", fragte ich, was Jan-Willem nickend bestätigte. Er weiß so gut wie alles, da kann man sich jeden Gang zum Brockhaus sparen. „Umzäunung, Garten", übersetzte er und nippte an seiner Bowle.

Eine Weile lang hing jeder von uns seinen eigenen Gedanken nach und irgendwann fragte ich in die nächtliche Stille hinein, was er denn mit den anderen Wünschen, die er bei der Fee noch frei habe, anfangen würde.

Jan-Willem überlegte eine Weile und dann geschah etwas, das selbst ihm nicht alle Tage passiert: In jener Sommernacht, da die Glühwürmchen ihr ganz privates Feuerwerk in unserem Garten veranstalteten, fiel auch einer dieser Götterfunken für ihn ab und mein alter, weiser Freund Jan-Willem van Köping hatte plötzlich diesen wunderschönen Einfall, den schönsten Gedanken der Welt vielleicht. Später hat Jan-Willem dann behauptet, dass es wohl eher die Erdbeerbowle gewesen sei, die ihn auf die Idee gebracht habe, aber ich weiß nicht so recht. Er hat diese Neigung wirklich kluger Köpfe, ihre Gedankenleistungen stets ein wenig herunterzuspielen und uns anderen als Schnapsidee zu verkaufen.

Ich denke mal, dass es die Glühwürmchen waren, die sein altes Herz erfreuten und ihm diesen guten, mit dem Herzen gedachten Gedanken eingaben, womit hinreichend bewiesen wäre, dass auch ein Glühwürmchen oder anderes kleines Licht eine wichtige Rolle zu spielen imstande ist, als Götterfunke zum Beispiel. Das sollte man nie vergessen, wenn einen mal der Mut verlässt …

Während Jan-Willem noch über meine Frage nachsann, überlegte auch ich, was ich mir, käme ich in eine solche Situation, wünschen würde. Dabei drifteten meine Gedanken ab zu jener gutherzigen, aber etwas weltfernen Lehrerin, die uns einst, als ich in Leer zur Schule ging, eben diese Frage nach den drei Wünschen stellte. Wahrscheinlich wollte sie sich gleich am ersten Schultag ein psycho-

logisches Profil ihrer Klasse verschaffen, denn bekanntlich macht diese Frage ziemlich nachdenklich und eh man sich's versieht, hängt man irgendwelchen Gedanken über den tieferen Sinn des Lebens nach, was zweifellos Zweck der Übung ist. Nun hat jedoch so manch einer, der keine Lust verspürt, sich aushorchen zu lassen, die Gewohnheit, Feen und Oberstudienrätinnen wie unser Fräulein Treuherz damals (Name geändert) durch irgendeine Taktik auszutricksen, was Feen und Oberstudienrätinnen normalerweise nicht besonders schätzen.

Ich weiß jedenfalls noch, dass ich überhaupt keine Lust hatte, meine Seele öffentlich bloßzulegen, schon gar nicht diesem Fräulein Treuherz gegenüber. Sie behandelte uns alle so, als seien wir schwerhörig oder ein bisschen unterbelichtet, und ich fand das nur schwer erträglich. So beschloss ich denn ihre hehren pädagogischen Absichten zu durchkreuzen und mir, nachdem ich mir zwei ziemlich banale Dinge gewünscht hatte, die mir leider entfallen sind, als Drittes auszubedingen, dass ich fürderhin all meine Wünsche erfüllt bekomme. Denn wenn sie wirklich eine Fee war und die Sache ernst gemeint sei, müsse das doch drin sein. Ich fand das ziemlich schlau. Doch Fräulein Treuherz war ganz anderer Meinung. Das sei ein ziemlich unredlicher Wunsch, behauptete sie und seither hatte ich bei ihr schlechte Karten.

Was ich mir wirklich mehr als alles andere wünschte, hätte ich nie verraten: Ich wollte so gern die Sprache der Tiere verstehen, so wie mein Großvater, der sich fließend mit unseren Hunden, Katzen und Pferden unterhalten konnte (zumindest behauptete er das – dass ihm auch darin, wie so oft, die Phantasie durchging, habe ich erst viel später herausbekommen). Kein Wunder, dass ich in diesen Jahren sämtliche *Dr. Doolittle*-Bände verschlungen habe ...

Was würden Sie sich wohl wünschen, wenn Ihnen die Fee begegnete? Sehen Sie, das ist nämlich gar nicht so leicht!

Auch an diesem Sommerabend, da wir unseren „Wunschpunsch" tranken, wollte mir partout nichts Kluges einfallen, als mich Jan-Willem mit seiner Antwort überraschte. „Ich wünsche mir", sagte er nach einer Weile, „dass niemand auf diesem Globus eine wie auch immer geartete Sorge zu haben braucht." Mir verschlug es die Sprache. Mit diesem einzigen Wunsch wären alle Probleme aus der Welt geräumt… Was für ein wunderschöner Gedanke!

Gesundheit, Schönheit, Reichtum, Glück, ein langes Leben, das sind üblicherweise die Wünsche, die durchschnittliche Feld-, Wald- und Wiesen-Feen zu erfüllen haben – aber Jan-Willems alle und alles umfassender Wunsch nach der Abwesenheit von Sorge – das war nicht nur schön. Das war mehr als das. Das war gut. Im moralischen Sinne gut. Auf so etwas kommt nur, wer sich noch auf die selten gewordene Kunst versteht, mit dem Herzen zu denken.

Leider sind die Feen aus jener guten alten Zeit, da das Wünschen noch geholfen hat, heute in etwa so häufig anzutreffen wie jede andere vom Aussterben bedrohte Spezies. Doch an jenen magischen Orten, an denen es Bücher gibt, können wir ihnen zuweilen noch begegnen. Es sind die letzten Reservate des Glücks, Bewahrer eines unendlichen Repertoires an großen Visionen, an ideellen Gegenwelten, Menschheitsträumen – und der Hoffnung, dass sich unsere aus dem inneren Gleichgewicht geratende Welt doch noch retten lässt.

Kein Platz für Bücher?

Nebst einem Vierundzwanzig-Punkte-Programm über die Kunst und das Vergnügen, jung zu bleiben

Es soll ja Leute geben, die nur deswegen keine Bücher (mehr) kaufen, weil ihre Regale schon voll sind, übervoll angeblich, worüber sie laut und weithin vernehmbar zu klagen pflegen. In meiner Seele macht sich, wenn ich so etwas höre, Zweifel breit und zuweilen kommt auch eine Spur Arroganz zum Vorschein, die sich bei mir stets dann bemerkbar macht, wenn ich jemanden beim Lügen ertappe oder beim Aufschneiden. Aber ich sehe in der Regel zu, dass ich mich zu keiner schnippischen Bemerkung hinreißen lasse. Man soll als kultivierter Mensch ja nicht alles sagen, was einem so durch den Kopf geht, obwohl es manchmal schon schwer fällt. Bücher, finde ich, kann man doch gar nicht genug haben, oder? Dann stellt man eben ein paar Regale mehr auf – „Billies" (und Konsorten) – für kleines Geld, damit es auch noch für neue Bücher ausreicht.

Wenn man bei Leuten des oben genannten Typs eingeladen ist, stellt man nicht selten fest, dass sie mit „Regalen" die paar Fächer in ihrer altdeutschen Schrankwand meinen, in der ein greiser Brockhaus ein wenig beachtetes Dasein fristet, neben einer Reihe auffällig ungelesener Klassiker, ein paar Goldmann-Krimis mit schiefen Bünden und einem Gustav Freytag zum Beispiel, der auch schon gut und gern seine hundert Jahre auf dem Buckel hat.

Aber auch bei Yuppies daheim, die gern über Stil reden und die Verwendung von Aceto Balsamico zu einer Frage von existenzieller Bedeutung machen – auch dort sind außer ein paar sorgfältig dekorierten Coffee-Table-Books oftmals kaum Bücher zu finden, die diese Bezeichnung verdienen: Bücher, die man lesen kann und die einem, wenn man sie zuklappt, das Gefühl vermitteln, dass man ein besserer Mensch geworden ist. Diese Life-Style-Teile jedenfalls werden, schätze ich mal, selten gelesen, sondern nur strategisch so platziert, dass sie den Besuchern Rückschlüsse auf die Weltanschauung und den Kontostand ihres Besitzers erlauben (allerdings nur auf die zensierte Version). Ich vermute, dass es kaum jemandem auffallen würde, kämen sie mit Blindtext daher ... Und manchmal wundert es mich, dass es Leute gibt, die einen Doktortitel besitzen und sich als Intellektuelle verstehen, aber seit dem Ende ihres Studiums kein Buch mehr von einem Deckel zum anderen gelesen haben.

Die wirklichen Intellektuellen können vielleicht keinen Universitätsabschluss nachweisen, aber sie besitzen Bücherregale, die nur so überquellen. Da steht manches in doppelter Reihe und der Rest liegt oben quer – und diesen Menschen, muss ich Ihnen sagen, die-

sen Menschen fühle ich mich verbunden. „Wo man liest, da lass dich nieder", pflegte meine Großmutter zu sagen, „denn böse Menschen lesen keine Bücher." Da ist etwas dran. Und daran habe ich mich immer gehalten. Mit wirklichen Bücherlesern jedenfalls wird's einem nie langweilig. Das Leben ist einfach lustiger mit ihnen (vor allem, wenn sie dann auch noch ganz ähnliche Vorlieben haben wie man selbst).

Auch habe ich immer gefunden, dass die

echten Intellektuellen einen äußerst sympathischen Hang zum Tiefstapeln haben; das allein macht sie schon so liebenswert – und so interessant. Tiefstapeln ist nämlich nicht jedem gegeben, man braucht eine Menge Humor dafür und außerdem bekommt, wer viel liest, ein Gefühl dafür, wie wenig wir doch im Grunde genommen wissen, während Leute, die Probleme mit ihrem Selbstwertgefühl haben, auf diese Erkenntnis nicht sonderlich scharf sind. Vielleicht ist ja das der eigentliche Grund, weswegen sie es mit dem Lesen nicht so haben, wer weiß?

„Zur wahren Größe, Mariechen, gehört Bescheidenheit" – auch das ist so ein (selbst noch im Umkehrschluss gültiger) großväterlicher Merkspruch, der sich wie die meisten alten Sprichwörter und Redensarten durch einen beachtlichen Wahrheitsgehalt auszeichnet.

„Das Glück, liebe Marie, ist zwischen zwei Buchdeckeln zu finden", auch das pflegte mein Großvater zu sagen. Ich kenne niemanden, ausgenommen vielleicht ein paar Buchhändler und Verlagsvertreter, mit denen ich sehr befreundet bin, der mehr gelesen hätte als er. Und der dabei doch immer das Gefühl hatte, noch nicht einmal die Hälfte dessen ausgelotet zu haben, worüber er eigentlich gern mehr gewusst hätte. Im Februar wartete er auf die Frühjahrsneuerscheinungen stets wie ein Kleingärtner auf die ersten Krokusse und wahrscheinlich ist es das, was ihn weit über hundert Jahre lang jung erhalten hat: die

Neugier auf all die Bücher, die er gern noch lesen würde, bevor er die Lesebrille abgeben müsse … – so drückte er es einst aus. (Ob er wohl im Fegefeuer, wenn er denn schon nicht lesen

GEH NICHT

Feldpost

AM GLÜCK

VORBEI!

GUTSCHEIN DER STADT BAMBERG.

Eine Million Mark

BAMBERG, AUG. 1923

№ 152754

STADTRAT:
oberbürgermeister
Wüstner
Geheimer Rat.

dürfe, dereinst wenigstens das Börsenblatt kriegen könne, fragte er seinen Freund Jan-Willem einmal, denn es sei ja schon
Strafe genug, wenn man all die Bücher, die einen interessieren,
zwar avisiert – aber nie zu sehen bekomme.)

Als Jens-Christian (genannt Krischan) Brahm, seines Zei-
chens Arzt und Alltagsphilosoph zu Christianssiel, einhundert
Jahre alt wurde, fragte man ihn (wie es in Journalistenkreisen bei
derlei Gelegenheiten unvermeidlich zu sein scheint), was denn
sein „Geheimnis" sei – das Geheimnis seiner Langlebigkeit.
Mein Großvater überlegte nicht lange, sondern verriet sein Vierundzwanzig-Punkte-Programm für ein langes, glückliches Leben (das sich nicht von ungefähr zugleich als Anleitung für ein
langes, glückliches *Lesen* erweist):

Jens-Christian Brahm
über die Kunst und das Vergnügen, jung zu bleiben

Halte den Kopf kalt und die Füße warm – das macht bekanntlich jeden Doktor arm. („Wie man an mir sieht", fügte er mit einem Augenzwinkern hinzu.)

Gönne dir jeden Tag deines Lebens irgendeine Premiere – tu etwas Neues, lies etwas, worüber du noch nie gelesen hast. Das hält jung.

Sieh zu, dass du die Nase immer vorn im Wind hast – im wörtlichen wie im übertragenen Sinne. Das heißt, geh jeden Tag mindestens eine halbe Stunde lang – auch noch bei Windstärke acht – spazieren und lies mindestens ein halbe Stunde lang etwas, das dir gut tut und nicht dem bloßen Zweck der Information dient. Trinke dazu mindestens zwei Tassen Tee.

Nagele dir das uralte Motto „Nulla dies sine linea" übers Bett: Lass keinen Tag vorübergehen, ohne etwas zu lesen oder zu schreiben – oder auch zu malen, denn „linea", das kann auch der Pinselstrich sein, den ein Maler zieht. Dieses „Nulla dies sine linea" ist das eigentliche Geheimnis aller kreativen Köpfe, die auch mit hundert noch etwas zu sagen haben.

Vergiss alle Investmentfonds. Die besten Wertpapiere sind immer noch Bücher. (Oder gibt es eine bessere Art, Geld anzulegen?) Das ist auch der Grund, warum Bücher die wohl beste Altersversorgung sind – was nützt einem alles Sparen, wenn einem, sobald man in Rente geht, ganz furchtbar langweilig wird?

 ☞ Bücher kann man – im Unterschied zu Geld – nie genug haben. Geld hat man dann genug, wenn man sich keine Sorgen mehr darum zu machen braucht. Alles, was darüber hinausgeht, ist völlig überflüssig und kann anderen Zwecken zugeführt werden.

☞ Kaufe immer Bücher auf Vorrat – man sollte stets genügend Ungelesenes zu Hause haben, für den (vor allem hier an der Waterkant) nicht ganz unwahrscheinlichen Fall, dass man nicht aus dem Haus kommt. Mit genügend Büchern kann einem auch das schlechteste Wetter nichts anhaben. – im Gegenteil. Mit einem guten Buch ist ein richtig schön verregnetes Wochenende eine gute Gabe Gottes.

☞ Schreib in jedes Buch vorne mit Bleistift, wo du es erworben und wann du es gelesen hast. Mach dir Notizen. Schreib auf, was dich berührt – und mach daraus dein ganz eigenes, ganz persönliches Buch.

☞ Nimm, wohin du auch gehst, etwas zu lesen mit. Dann lässt sich selbst, wenn du auf der Post Schlange stehst, die Zeit noch aufs Angenehmste verbringen. Außerdem ärgert sich der, der etwas zu lesen dabei hat, nicht mehr darüber, dass die andere Schlange schneller vorankommt. Das tun Schlangen nämlich immer. Man steht grundsätzlich in der falschen.

☞ Überhaupt sind Bücher das beste Beruhigungsmittel. Schon allein, weil sie keine schädlichen Nebenwirkungen haben. Außer der vielleicht, dass man die Zeit vergisst.

☞ Lies gegen den Strom. Zuweilen kann man zwar auch Bücher lesen, die der eine oder andere Literaturpapst empfiehlt. Aber in der Regel ist eher das, was diese Leute verreißen, interessant. Lass dich bei dem, was du liest, nicht von Bestsellerlisten, sondern nur von deinem Gefühl leiten.

☞ Verlass dich, wenn du ein Buch kaufst, nicht auf den Klappentext, denn Klappentexte werden in der Regel von Leuten geschrieben, die wirklich etwas vom Schreiben verstehen. Lies ganz einfach die ersten drei Seiten. Dann weißt du genug.

☞ Lies keine Bücher, denen Widmungen wie „Dem Jungen, der ich einst war" vorangestellt sind oder die mit einem (womöglich sogar noch originalsprachlichen) Zitat von Blaise Pascal oder Lope de Vega oder Seneca beginnen, in denen aber gleich auf Seite sieben einer abgemurkst wird. Diese Autoren sind literarische Hochstapler, die nur ein gutes Zitatenlexikon daheim haben, aber garantiert mehr Bücher schreiben, als sie besitzen.

☞ Lies keine Bücher, die in etwa so anfangen wie „Anna drehte sich noch einmal um, als sie den Abort verließ, und sah gerade noch eine Ratte unter der Abdeckung des Abtritts verschwinden." Bücher, die so oder so ähnlich beginnen, stellt man am besten gleich wieder zurück. Denn die Erfahrung lehrt: Sie werden nicht besser.

☞ Lies ebenso viele alte Bücher wie neue. Das Risiko, dass dich ein altes enttäuscht, ist weitaus geringer. Horche auf die leisen Töne in Büchern. Bücher, aus denen das Blut nur so heraustrieft, eignen sich besser zum Verheizen als zum Lesen. Lies Stifter, wenn dir alles zu viel wird.

☞ Lies, wenn dir der Sinn danach steht, auch mal eine richtig schöne gemütliche Schwarte oder einen dieser wunderbaren Schmachtfetzen, so wie man sich zuweilen ein paar fetttriefende Bratwürstchen mit Sauerkraut gönnt oder eine Portion Eis mit heißen Himbeeren – die Seele weiß schon, was ihr gut tut. Und lies nicht mehr amerikanische Neuerscheinungen, als du Hamburger isst. Literarisches Fast-Food ist zuweilen ganz gut, aber auf die Dauer ungesund.

☞ Sei freundlich. Sei ein Freund. Sieh, wenn du ein Buch für einen Freund kaufst, nicht nach dem Preis. Und löse dich von dem Gedanken, dass du ein Buch, das du verschenkst, selbst gelesen haben musst. Der Beschenkte schätzt so eine literarische Bevormundung nur in den seltensten Fällen. Schenke ihm lieber etwas mit der Bitte, es dir auszuleihen, wenn er es gut findet.

☞ Misstraue Leuten, die keine Bücher besitzen. Aber traue auch Leuten nicht, die behaupten, dass sie alles „querbeet" lesen, alles, was sie in die Finger bekommen. Meist ist das Letzte, was sie gelesen haben, die Zeit nicht wert gewesen. Traue auch keinem Autor, der mehr schreibt, als er liest, ebenso wenig wie einem Menschen, der mehr redet, als er zuhört.

☞ Rege dich nicht über Kleinkram auf. Bei Lichte besehen, ist übrigens alles Kleinkram, solange es kein Hochwasser ist oder irgendeine andere Situation, die man mit Fug und Recht als Notstand bezeichnen kann. Wirkliche Notstände sind zum Glück äußerst selten. Die kleinen Katastrophen des Alltags gehören jedenfalls nicht dazu: Lies Knut Hamsuns *Hunger*, wenn sich wieder mal alles gegen dich zu verschwören scheint. Das rückt alles, was dir vielleicht Sorgen macht, garantiert wieder in die richtige Perspektive.

☞ Vergiss nie, wenn dich das Leben wieder einmal fest beim Wickel hat, dass das am leichtesten erreichbare Naherholungsgebiet immer noch die kleine Buchhandlung um die Ecke ist. Dort haben sie jede Menge Schlüssel zum Glück vorrätig. Und die, die sie nicht haben, besorgen sie dir.

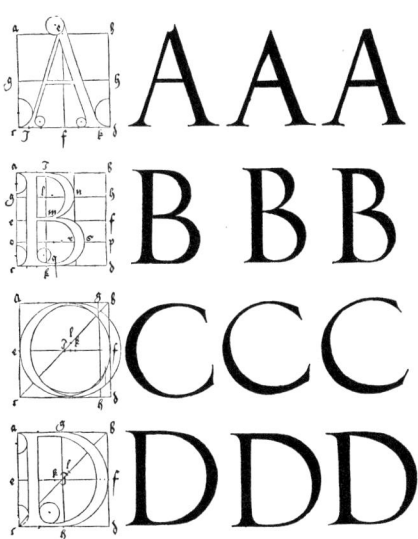

☞ Wenn du ein wirklich gutes Buch willst, gibt es einen ganz einfachen Kunstgriff: Frage einen Buchhändler nach dem Besten, was er im letzten halben Jahr gelesen hat. In den Augen eines wirklich guten Buchhändlers leuchtet dann etwas auf.

☞ Schlafe nie mit Sorgen ein. Und geh nie ohne ein Buch zu Bett. Mit einem wirklich guten, selbstverständlich. Denn es gibt Bücher, die sind so etwas wie literarische One-night-stands. Damit lässt sich eine höchst spannende  schlaflose Nacht verbringen, aber beim Frühstück weiß man schon nicht mehr, was man sagen soll.

☞ Beginne, wenn du achtzig wirst, eine neue Sprache zu lernen. Oder irgendeine andere Fertigkeit, die dich schon immer fasziniert hat. Vergiss, dass dich dein Französischlehrer damals, als du noch zur Schule gingst, mit dem Teilungsartikel gequält hat – Bücher sind die besten und geduldigsten Lehrer, sie verteilen keine schlechten Noten, machen nie verletzende Bemerkungen und haben auch nie schlechte Laune. Außerdem haben Bücher immer Zeit für dich.

 Zu guter Letzt: Lass deine Kinder nicht ohne Bücher aufwachsen. Aber lies nicht nur den Kindern Geschichten vor, sondern auch dem Menschen, mit dem du dein Leben verbringst, denn das ist, scheint mir, das Geheimnis ewiger Liebe.

Und Liebe – das ist das, was uns letztlich jung erhält.

Das Paradies habe ich mir immer wie eine Art
Bibliothek vorgestellt.

JORGE LUIS BORGES

Statt nach Paris zu reisen und euch an der Sorbonne
einzuschreiben, könnt ihr genauso gut, so ihr wirklich
etwas lernen wollt, in eine öffentliche Bibliothek gehen
und euch dort zwanzig Jahre lang durchlesen.

LEO TOLSTOI

Buchhandlungen alten Stils
sind so etwas wie Schatzinseln –
sie sind voll längst vergessener Kostbarkeiten,
die aber nur ein kluger Kopf zu entdecken weiß.

JAN-WILLEM VAN KÖPING

Die eigentliche Universität unserer Tage
ist eine Büchersammlung.

THOMAS CARLYLE

Wenn nicht mehr Zahlen und Figuren
sind Schlüssel aller Kreaturen,
wenn die, so singen oder küssen,
mehr als die Tiefgelehrten wissen,
wenn sich die Welt ins freie Leben
und in die Welt wird zurückbegeben,
wenn sich dann wieder Licht und Schatten
zu echter Klarheit werden gatten
und man in Märchen und Gedichten
erkennt die wahren Weltgeschichten,
dann fliegt vor Einem geheimen Wort
das ganze verkehrte Wesen fort.

NOVALIS

Die vorherrschende Meinung ist, dass ein Buch, dessen Handlung frei erfunden ist, nicht „wahr" sein kann. Das Gegenteil ist der Fall. Vielleicht ist alle Phantasie wirklicher als das, was wir für die Wirklichkeit halten.

JAN-WILLEM VAN KÖPING

Mich verblüfft er immer wieder, dieser dringende Wunsch, wenn man ein wirklich gutes Buch aus der Hand legt, dass man seinen Autor am liebsten zu seinen besten Freunden zählen würde.

J. D. SALINGER

In einem guten Buche stehen mehr Wahrheiten, als sein Verfasser hineinzuschreiben meinte.

MARIE VON EBNER-ESCHENBACH

Ich wäre lieber ein armer Mann in einer Dachkammer voller Bücher als ein König, der nicht lesen mag.

THOMAS BABINGTON MACAULAY

Vielleicht sind ja Bücher das einzig wirklich Magische in diesem Leben.

ALICE HOFFMANN

Hast du drei Tage kein Buch gelesen, werden deine Worte seicht.

CHINESISCHES SPRICHWORT

Notes

ies also, mein Sohn. Die Weisen, die vor uns geschrieben haben, sind Reisende, die uns auf den Pfaden des Unglücks vorangingen, die uns ihre Hand entgegen= strecken und uns einladen, in ihre Gesellschaft zu kommen, wenn uns Alles verläßt. Ein gutes Buch ist ein guter Freund."

ch!" rief Paul, „als Virginie noch hier war, brauchte ich nicht lesen zu können. Sie hatte so wenig studiert, als ich; aber wenn sie mich ansah und ihren Freund nannte, dann war es mir unmöglich, betrübt zu seyn."

Ein Atlas kann einem eine ganze Weltreise ersparen.

MARK TWAIN

Wer nicht liest, kennt die Welt nicht.

ARNO SCHMIDT

Ach, wie gut ist es doch,
unter lesenden Menschen zu sein.
Warum sind sie nicht immer so?
Du kannst hingehen zu einem und
ihn leise anrühren: Er fühlt nichts.

RAINER MARIA RILKE

Ich fing an zu lesen. Ich las alle Bücher, derer ich
habhaft werden konnte. Als ich dreizehn war, hatte ich
mich aus Harlem herausgelesen. Ich hatte jedes einzelne
Buch in zwei Büchereien gelesen und besaß eine
Mitgliedskarte für die zweiundvierzigste Straße…

JAMES BALDWIN

Ist dir jemals klar gewesen, dass ein einziges Buch dein ganzes weiteres Leben zu verändern imstande ist? Nur Buchhändler, die sich diesen Satz übers Bett nageln, sind gute Buchhändler.

JAN-WILLEM VAN KÖPING

Ich hatte mit einem Male mein ganzes Vermögen verloren; doch ich war deshalb so wenig niedergeschlagen, dass ich nur umso aufgeweckter und feuriger zu meinen Büchern zurückkehrte.

ERASMUS VON ROTTERDAM

Ich wuchs auf und man lehrte mich Bücher und Brot zu küssen.

SALMAN RUSHDIE

Lass uns lesen und lass uns tanzen, das sind zwei Hauptvergnügen, die niemals irgendeinen Schaden anzurichten imstande sind.

VOLTAIRE

Lest Bücher und werdet glücklich! Wir sind nicht auf der Welt um unglücklich zu sein. Glück ist das Ziel der Menschheit und der Sehnsucht innerste Inkarnation. Macht die Menschen glücklich und ihr werdet sie besser machen. Öffnet ihnen die Augen über den Himmel, die Bäume, die Tiere, die Frauen. Und weist ihnen alles dies: gestaltet und erhoben, beseligt und erlöst – in der

Kunst, in der Dichtung. Lest Bücher, Menschen, lest die Bücher eurer Dichter und ihr werdet glücklicher und manchmal glücklich werden. Und nun entlasse ich meinen willigen Leser. Gehe er nun hin, lese und kaufe er vor allem die guten und schönen Bücher. Denn sie alle, alle leben von deiner wandelbaren gütigen Gnade, freundlicher Leser: der Buchhändler, der Kommissionär, der Verleger, der Buchbinder, der Drucker – und nicht zuletzt: der Dichter!

KLABUND

 Eva-Maria Altemöller, geboren 1957, versteht sich auf die Kunst, ein (kreatives) Doppelleben zu führen. Im Hauptberuf ist sie Buchhändlerin in Rothenburg ob der Tauber und arbeitet zudem als Beraterin für verschiedene Verlage im In- und Ausland. Man fragt sich, woher sie die Zeit für ihre

eigenen, höchst erfolgreichen Bücher nimmt, die sie oftmals auch selbst illustriert. Bekannt wurde Eva-Maria Altemöller vor allem durch ihr viel beachtetes, als neues Standardwerk zum Thema kreatives Schreiben bezeichnetes Buch „Schreiben ist Gold" (Coppenrath 1998, 2003) sowie durch ihre Bestseller „Seelenruhe – Über die Kunst und das Vergnügen, ganz einfach zu leben" und „1000 Gründe, warum es eigentlich ganz schön ist, nicht mehr zwanzig zu sein" (Pattloch 2001 bzw. 2003).

Eva-Maria Altemöller freut sich übrigens immer über Post: Rödergasse 3, 91541 Rothenburg o.d.T.